ITALIA

Das Beste aus allen Regionen

LA CUCINA VERA ITALIANA

Cettina Vicenzino

Das Beste aus allen Regionen

LA CUCINA VERA ITALIANA

CHRISTIAN

Reiseroute

Vorwort 10

1. Liguria 16
Rezepte 20

2. Piemonte 28
Slow Food 32
Rezepte 34

3. Valle d'Aosta 42
Die starken Frauen des Aostatals ... 48
Rezepte 50

4. Lombardia 58
Ein Abendessen auf 2.700 Metern .. 62
Rezepte 66

5. Trentino-Südtirol 74
Nahrung vermehrt sich,
wenn man teilt 78
Rezepte 82

6. Friuli-Venezia Giulia 88
Rezepte 92

7. Veneto 100
Bacaro, cichetti e Spritz! 104
Rezepte 108

8. Emilia-Romagna 114
Das einzige italienische Kochbuch .. 118
Rezepte 120

9. Toscana 130
Trattoria, Osteria, Ristorante 134
Rezepte 136

10. Marche 146
Rezepte 152

11. Umbria 158
La maialata, il maiale e il norcino .. 163
Von Trüffeln und starken Umbriern . 172
Rezepte 164

12. Lazio 176
Carciofo romanesco del Lazio IGP .. 180
Rezepte 184

13. Abruzzo 192
Santo Stefano di Sessanio 196
Rezepte 198

14. Molise 204
Wie man aus Käse Gold macht ... 208
Rezepte 212

15. Campania 218
Die hohe Kunst der einfachen Pizza 222
Rezepte 224

16. Calabria 234
Die Sprache der Olivenbäume 238
Rezepte 242

17. Basilicata 248
Matera: Von der Armut zur Kultur . 252
Rezepte 256

18. Puglia 262
Grano Senatore Cappelli 266
Rezepte 268

19. Sicilia 278
Eine Insel voller Vitamine 282
Rezepte 284

20. Sardegna 294
Das Zauberland der Hirten 298
Rezepte 302

Adressen 310
Register 312
Dank 319

Inhalt

Antipasti

Fladenbrot-Sardellen-Turm	25
Sardellen mit Stockfischcreme	34
Käse in Buchweizenteig mit Bresaola	69
Zucchinikuchen	70
Kapuzinerkresseblüten mit Ziegenkäse und gerösteten Erdmandeln	85
Frittierte Fleischbällchen	110
Crostini mit Trauben, Tomaten und Mohn	137
Süßes Brot mit Trauben	138
Panzanella (Toskanischer Tomaten-Brot-Salat)	144
Crostini mit marinierten Zucchini	145
Schweinepresskopf	165
Eier-Käse-Bällchen in Tomatensauce	200
Käsegebäck	201
Insalata caprese	232
Bruschetta aus Matera	257
Brotkringel aus Apulien	270
Käse-Salsiccia-Teigringe	285
Gefüllte Auberginen	288
Auberginenauflauf	291
Caponata	292
Fenchelsalat	292

Zuppe

Suppe Vapellenetse	51
Kastaniensuppe	54
Rübeneintopf mit Salsiccia	54
Kohlrabischaumsuppe mit gebratenem Süßwasserfisch	86
Krautsuppe mit Bohnen in der Brotschale	99
Minestrone	144
Fischsuppe aus Porto Recanti	152
Hülsenfrüchtesuppe mit Dinkel	169
Hühnersuppe mit Brot, Fleisch-bällchen und Caciocavallo	212
Zichorie in Hühnerbrühe mit Einlage	216

Primi

Trofie mit Basilikumpesto	20
Ravioli mit Fleischsauce	22
Fettuccine mit Steinpilzen und Tintenfisch	23
Gefüllte Nudeltaschen	37
Buchweizennudeln	66
Rote-Bete-Knödel in Gorgonzolasauce	86
Risotto mit Amerone, Gorgonzola und Radicchio	110
Tagliatelle mit Hackfleischsauce	120
Tagliatelle mit Prosciutto	121
Pastateig	122

Tagliatelle mit rustikaler Tomatensauce	123
Mit Ricotta gefüllte Tortelli	123
Schwarze Chitarrine mit Stockfisch, Pancetta und Schafskäse	154
Tortelli gefüllt mit Tintenfisch, Pilzen und Rogen	156
Umbrische Nudeln mit schwarzem Trüffel	170
Spaghetti mit Käse und schwarzem Pfeffer	188
Spaghetti alla carbonara	191
Pasta mit Tomatensauce und Speck	191
Chitarrina mit Zucchinipesto	199
Pizza mit Zitrone	225
Pizza mit vier Tomatenarten	228
Pizza mediterraner Art	229
Pasta mit Zitrone und Basilikum	233
Selbst gemachte Makkaroni mit Fleischbällchen	243
Dicke-Bohnen-Püree mit Wildzichorie	259
Pasta aus Apulien mit Stängelkohl	269
Pasta mit Gemüseratatouille	274
Sardische »Lasagne«	303
Sardische Pasta	304
Pasta in Schafsbrühe mit Schafskäse	307

Secondi

Sardellen in Tomatensauce	25
Backe vom Fassone-Rind mit Kürbispüree	34
Käsefondue	53
Ossobuco alla milanese	70
Schweinefleisch mit Trauben	127
Gefüllte Tauben nach umbrischer Art	170
Salt'im bocca!	188
Gefüllte Lammkeule	216
Fisch im verrückten Wasser	233
Geschmortes Kalbshaxenfleisch	244
Stockfisch mit knusprigen Peperoni	258
Pferdefleischrouladen in Tomatensugo	270
Schafsbrühe mit Kartoffeln und Schafsfleisch	307
Sardisches Spanferkel im Ofen	308
Geschmortes Lammfleisch	308

Contorni

Fladenbrot aus der Emilia-Romagna	122
Fladenbrot mit Walnüssen und Rosinen	169
Artischocken römischer Art vom Restaurant »Nino«	184
Frühlingsgericht mit Erbsen, Dicken Bohnen und Artischocken	187
Kartoffeln und Peperoni nach kalabrischer Art	244

Dolci

Pudding mit Amaretti und Schokolade	38
Karins Apfelkuchen »Gran Paradiso«	56
Brotkuchen mit Amaretti und Kakao	73
Karottenkuchen mit Erdmandeln	83
Buchweizenmus mit Holunderblütensirup	85
Teigblätter mit Buttercremefüllung	93
Hefeteigrolle aus Triest	94
Rotweinbirnen-Tiramisu	113
Latteruolo	121
Zuppa inglese	129
Cantucci toscani	138
Kuchen mit Konditorcreme und Pinienkernen	143
Zabaglione	145
Nonna Teresas Sonntagskuchen	157
Umbrischer Strudelkuchen	174
Eisenwaffeln	203
Weihnachtsspeise	215
Ricotta mit Marmelade und Olivenöl	244
Ostergebäck aus Kalabrien	247
Tiramisu aus Süditalien mit Ricotta und Brot	260
Apfeltartelettes mit Erdbeersalat	276
Küchlein mit Ricotta und Marmelade	284
Frittierte Käsetaschen	304

Bevande

Spritz	109
Der Spritz, den ich in Venedig bekommen habe	109
Spritz mit Cynar	109
Spritz mit Select	109
Die fränkisch-sizilianisch-venezianische Spritz-Version	109
Zitronenlikör	232

Italia, 20 regione, Fiat Cinquecento, stazione, treni, valigia, dolce far niente, dolce vita, stereotipato, Roma, malinconia, gioia, godere, Federico Fellini, lavorare, viaggiare, mangiare, hotel, famiglie italiane, produttori, giovani italiani, visitare, ospitare, mamma

Il viaggio

Meine große Reise durch Italien begann am 23. Januar 2015. Ein halbes Jahr zuvor hatte ich gemeinsam mit der Programmleiterin und meiner Betreuerin vom Christian Verlag, die Idee, ein weiteres Kochbuch über Italien zu schreiben. Es sollte kein Buch sein, das aus der Ferne geschrieben wird, sondern eins, das ganz nah am Land und den Menschen dort ist und erst nach einer Reise durch ganz Italien entsteht. Und mit ganz Italien meine ich wirklich das gesamte Land, alle 20 Regionen Italiens. Denn dies war mir besonders wichtig: Ich wollte jeder Region einen Platz im Buch geben und sei sie noch so unbekannt oder winzig. Regionen weglassen oder einfach zusammenfassen (wie man es gerne mit dem Piemont und dem Aostatal macht) wollte ich auf keinen Fall. Schließlich besteht Italien aus 20 Regionen. Mir war klar, dass damit eine ungeheure Arbeit auf mich zukommen würde. Vor allem, wenn man ohne Assistent, Reiseplaner und Auto unterwegs ist. Denn ein Auto besitze ich nicht. Da diese Reise auch durch keine Sponsoren unterstützt wurde, reichte das Budget gerade mal für eine Person aus – also musste ich alleine los.

Drei Mal allerdings reiste ich mit Begleitung: Ins Aostatal begleitete mich eine Freundin und nach Venetien und Friaul-Julisch Venetien habe ich meinen Mann einfach entführt. Ich habe meine Reise nicht ganz typisch mit dem berühmten feuerroten Fiat Cinquecento gemacht (aber selbstverständlich habe ich ihn fotografiert!), sondern mit der italienischen Bahn, die in vielen Fällen auch sehr süß und manchmal sogar rot ist. Zu meiner Verwunderung waren die italienischen Züge alle pünktlich! Nur wenn es zeitlich nicht anders ging oder eine Insel mein nächstes Ziel war, bin ich auf das Flugzeug als Transportmittel umgeschwenkt. Der große Vorteil des Reisens ohne Auto ist, dass man fast alle italienischen Zugarten – die modernen Schnellzüge und die ruckelnden alten Bahnen – und auch die Menschen eines Landes, die ein Stück meines Weges mit mir reisen, kennenlernt. Aber natürlich sollte sich meine Reise nicht auf die zufälligen Bekanntschaften im Zug beschränken, sondern ich wollte am liebsten die Menschen in ihrem Zuhause besuchen. Und so saß ich während dieser Italienreise auch öfter mal bei mir bis dahin fremden Familien in deren Küchen und habe mit ihnen gegessen und sie haben erzählt. Ich hatte mir zum Ziel gesetzt, in allen 20 Regionen Menschen zu besuchen und von ihnen ihre Heimat gezeigt zu bekommen. Dabei habe ich jedoch nie gesagt, was ich sehen oder essen will. Stets habe ich es meinen Gastgebern überlassen, auszuwählen, was sie mir zeigen und welche Rezepte sie mir für das Buch geben wollen. Denn auch darum ging es mir: dass die Rezepte in diesem Buch Originalrezepte der von mir besuchten Personen sind, ergänzt durch einige Rezepte von mir, von Gerichten, die ich auf meiner Reise kennengelernt habe und durch einige italienische Klassiker.

Meine Neugierde, dieses Land so kennenzulernen, wie es sich mir spontan präsentiert, hat im Grunde bestimmt, was ich essen werde. Von eher untergeordneter Bedeutung war, was ich essen will. Mir war klar, dass ich bei meiner Reise durch Italien, auf der ich fremde Menschen besuche, deren Gast ich sein werde und deren regionale Köstlichkeiten ich kennenlernen will, nicht auf vegetarischer Kost bestehen kann. Auch sollte ich nicht auf die Idee kommen, während dieser Zeit ein paar Kilo abzunehmen.

Die Auswahl meiner Reiseziele erfolgte meist »intuitiv« – und mein Gespür hat mich zum Glück zu interessanten Menschen geführt. Wenn die Intuition mal nicht wollte, habe ich im Verlag nachgefragt, ob sich dort jemand für mich umhören könnte. Zwei Tipps kamen dann tatsächlich vom Verlag. In Italien selbst bin ich auf eine unglaubliche Offenheit gestoßen. Wenn ich eine Person, eine Familie oder einen Produzenten ausgesucht hatte und sie von meiner Idee hörten, waren sie davon – und von meinem geplanten Besuch bei ihnen – begeistert. Und mich begeisterte wiederum die unglaubliche Hilfsbereitschaft und warmherzige Gastfreundschaft, mit der mich diese Menschen einfach so aufnahmen, obwohl ich ihnen fremd war.

Ich habe viele Italiener unterschiedlichen Alters kennengelernt, aber im Gegensatz zur weit verbreiteten Vorstellung, dass hier alle im Paradies vom *dolce far niente* leben, sind mir in Italien nur Menschen begegnet, die für das Leben im Paradies tagtäglich ohne Unterlass arbeiten – aber mit Freude daran.

Interessant waren für mich die vielen jungen Italiener mit ihrem erfrischenden Unternehmergeist. Sie arbeiten sehr hart, aber nicht nur, damit sich ihr Leben, sondern auch das Leben in Italien im Allgemeinen bessert. Es ist eine kluge junge Generation, die die Tradition der Eltern bewahrt, aber durch modernes Wissen und neue Techniken ergänzt. Ihre Liebe zur Heimat hat mich berührt. Diese Liebe ist im Grunde die Liebe zur Natur, zu Mutter Erde. Vielleicht ist das mit ein Grund, weshalb Italiener ihre *mamma* so sehr lieben. Alles, was sie ernährt, verdient respektvollen Umgang – *mamma* und Mutter Erde. Allerdings machen es die EU-Hygieneverordnungen für Lebensmittel der jungen Generation schwer, das Erbe ihrer Eltern fortzuführen. Viele Produktionsverfahren für handwerklich hergestellte Lebensmittel werden nach und nach verboten, weil sie den neuen, strengen Richtlinien nicht entsprechen. Dies bedroht die italienische (Ess-)Kultur. Italien ist im Umbruch.

Mit dieser großen Reise wollte ich als Italienerin, die in Deutschland aufgewachsen ist, das Italien von heute kennenlernen. Zwar bin ich in Italien geboren und habe meine ersten vier Lebensjahre dort verbracht. Ich bin auch viel mit meinen Eltern (immer schon mit dem Zug) durch Italien gereist, aber das Bild, das ich mir im Lauf der Jahre über Italien gemacht habe, ist sehr von der Sichtweise der Deutschen – meist aus der Zeit der 50er- und 60er-Jahre – geprägt.

Im Jahr 1960 drehte der große italienische Filmregisseur Federico Fellini den erfolgreichen Film »La dolce vita« mit Marcello Mastroianni in der Hauptrolle. Seitdem verknüpfen viele das *dolce far niente* und das *dolce vita* untrennbar mit Italien und den Italienern. Kurz bevor ich zu meiner Reise aufgebrochen bin, habe ich mir diesen Film zum ersten Mal angeschaut und erstaunt festgestellt, dass er gar nicht leicht und oberflächlich, sondern melancholisch und sinnsuchend ist. Dieses oberflächliche »süße Leben« ohne Verantwortung und ohne Tiefe wird in dem Film sogar infrage gestellt. Vielleicht sollte man die Melancholie der Italiener nicht unterschätzen oder wegwischen wollen, denn ich glaube, dass genau diese Fähigkeit, die nichts mit Depression zu tun hat, den Italienern ihren tiefen Sinn für Schönheit und auch die Fähigkeit für Genuss erst ermöglicht. Vielleicht ist es sogar das Geheimnis der Italiener. »Die Melancholie ist ein oft verkannter und verleumdeter Hochgenuss für die Feinschmecker der Emotionen« (aus »die hohe Kunst der Melancholie« von Mariela Sartorius).

Nach dem tieferen Sinn des Lebens zu suchen, verantwortlich zu handeln und gleichzeitig genau dieses Leben mit Freude und Leichtigkeit zu genießen, schließen sich einfach nicht aus. Das leben einem viele Italiener täglich vor, wenn man genau hinschaut – egal ob in den 50er- und 60er-Jahren oder eben noch heute.

Viel Spaß auf dieser Reise durch ganz Italien, mit den darin vorgestellten Menschen, mit ihren Geschichten und Produkten und natürlich mit den vielen Rezepten!

Ihre
Cettina Vicenzino

Liguria

Von Wiederbelebung und Sardellen – zu Besuch bei Giorgia Losi

Trattoria dell'Acciughetta

Genova (GE), Italia

Genova, Piazza Acquaverde, Cristoforo Colombo, il mondo, conquistare, Piazza Sant'Elena, Porto Antico, emigranti, Trattoria dell' Acciughetta, miracolo, tradizione, acciuga, pan do mã, pane del mare, Basilico Genovese DOP, pesto, Bogliasco

Liguria

»Fahr nicht nach Genova!«, ruft meine Mutter durchs Telefon. Ein paar Tage vor meiner Reise nach Genua treibt dort ein Unwetter mit starken Stürmen und heftigen Überschwemmungen sein Unwesen. Das italienische Fernsehen zeigt unentwegt Bilder davon und spricht weitere Unwetterwarnungen aus. Aber alle meine Zugtickets sind bereits ausgedruckt und mein Hotel hat die Übernachtungskosten längst abgebucht. Ich entscheide mich also dafür hinzufahren und für die Hoffnung, dass alle Stürme sich verabschieden, wenn ich ankomme. Als ich dann in Genua an einem wunderschönen Bahnhof, der um 1860 an der Piazza Acquaverde erbaut wurde, aussteige, ist von Stürmen weit und breit nichts zu sehen. Stattdessen begrüßt mich direkt an eben dieser *piazza* (was für ein schöner Name: Platz des grünen Wassers!) Christoph Kolumbus, der hier zu seinen Reisen aufbrach, um die Welt zu entdecken.

Die Sonne scheint, der Himmel ist blau, und die Polizisten erklären mir freundlich den Weg zu meinem Hotel. Die Hoteldame allerdings führt mich zu einem Hinterhaus, das gar nicht mehr wie ein Hotel aussieht. Das Zimmer, das ich bekomme, sind zwei Durchgangszimmer. Das eine Zimmer erinnert ein wenig an eine Rumpelkammer, das andere an Jugendstil – und in beiden sind Tauben auf der Suche nach einem Platz für ihr Nest. Deshalb ziehe ich die grünen, recht verlotterten Holzjalousien herunter – und schaffe es danach leider auch nicht, sie wieder hochzuschieben. Bevor noch mehr kaputtgeht, mache ich mich auf den Weg zur Piazza Sant'Elena, nahe dem Porto Antico. Dort erwartet mich Giorgia in ihrer »Trattoria dell'Acciughetta«.

Obwohl diese Trattoria erst im Februar 2015 von der damals 27-jährigen Giorgia Losi eröffnet wurde, gilt sie jetzt schon als Wunder von Genua. Ihre Trattoria liegt nämlich in einem Teil des historischen Zentrums, den Touristen und mittlerweile auch die Genueser selbst strikt meiden. Nicht nur der Emigrantenanteil ist hier sehr hoch, auch Kriminalität und Prostitution haben sich über die Jahre hier etablieren können, da die Verwaltung diesen Stadtteil immer mehr vernachlässigt hat. Kein Genueser würde hier freiwillig ein Lokal eröffnen – Giorgia schon. Sie hat der Stadt gezeigt, dass man sich das im Grunde genommen wunderschöne, verwinkelte, historische Viertel zurückerobern kann. Aber nicht, indem man die Emigranten vertreibt, sondern indem man zusammen mit ihnen diesen Ort wiederbelebt. Das ist ihr wie durch ein Wunder mithilfe der Tradition gelungen. In ihrer Trattoria, die aus einem Innensaal und einem Außenbereich besteht, serviert ihr Koch Giuseppe Trovato zusammen mit dem Hilfskoch Simone Vesuviano traditionelle Gerichte aus Ligurien (die sardischen Wurzeln ihrer *mamma* lässt Giorgia dennoch einfließen). Da die *acciuga* (Sardelle) neben Basilikum das Symbol der ligurischen Küche darstellt (und hier auch als Brot des Meeres gilt, *pan do mã* auf genuesisch), wird sie selbstverständlich nicht nur in vielen Variationen angeboten, sondern sie wurde auch die Namensgeberin der Trattoria.

Ihre Heimat aufzuwerten war aber nicht immer Giorgias Ziel. Bevor sie diesen mutigen Schritt ging, hatte sie einen sicheren Job in einer Mailänder Marketingagentur. Dann wurde ihr bewusst, dass sie nicht ihr Leben lang in einem Büro sitzen kann, sondern »sich« und auch »etwas« bewegen muss. Nun bewegt sich vieles in dem alten Viertel. Es blüht auf, und viele erkennen auf einmal den Flair dieses vergessenen Teils von Genua. Und Giorgias Trattoria ist permanent ausgebucht, eine bunte Mischung aus Touristen, Einheimischen und Emigranten versammelt sich dort.

Am letzten Tag fahre ich nach Bogliasco ans Meer. Dort beobachte ich reiche Genuesen, die sich merkwürdigerweise ähneln und alle einen Hund Gassi führen. Und ich denke an die Piazza Sant'Elena und wie schön sie doch ist.

Trofie al pesto genovese

Trofie mit Basilikumpesto
von der »Trattoria dell'Acciughetta«

Für 4 Personen
Zubereitungszeit 35 Minuten

70 g abgezupfte Basilikumblätter
1 Knoblauchzehe, geschält
50 g Pinienkerne
100 ml Olivenöl extra vergine
je 50 g sardischer Pecorino und Parmesan, frisch gerieben
Salz
400 g Trofie oder andere Pasta nach Wahl

Das Basilikum waschen, trocken schütteln und die Blätter von den Stängeln zupfen. Den Knoblauch mit den Pinienkernen und der Hälfte des Olivenöls im Mixer zerkleinern, bis eine homogene Paste entsteht. Nach und nach die Basilikumblätter im Wechsel mit dem restlichen Olivenöl dazugeben und auf kleinster Stufe mixen. Zum Schluss beide Käsesorten hinzufügen und das Pesto mit Salz abschmecken.

Die Trofie in reichlich kochendem, gesalzenem Wasser al dente kochen, abseihen, mit dem Pesto vermischen, auf Tellern anrichten und servieren.

Abbinamento consigliato Pigato (Azienda Agricola Biologica Vio Giobatta)

Ravioli al tocco (u tuccu) genovese

Ravioli mit Fleischsauce
von der »Trattoria dell'Acciughetta«

Für 8 Personen
Zubereitungszeit 25 Minuten, plus 3 Stunden Garzeit

1 Stange Staudensellerie, geputzt
1 Karotte, geputzt
1 Zwiebel, geschält
Olivenöl extra vergine
500 g Muskelfleisch vom ausgewachsenen Rind
25 g Tomatenmark (Doppelkonzentrat)
1 l guter Rotwein
50 g getrocknete Steinpilze
50 g Pinienkerne
Salz | frisch gemahlener schwarzer Pfeffer
480 g frische Ravioli, gefüllt mit Fleisch (Fertigprodukt)
8 EL frisch geriebener Parmesan

Den Sellerie, die Karotte und die Zwiebel fein hacken und in einem Topf in reichlich Olivenöl anschwitzen. Das Fleisch in Würfel schneiden, dazugeben und 5–10 Minuten bei hoher Temperatur anbraten. Das Tomatenmark dazugeben, kurz anbraten und mit dem Rotwein ablöschen. Die Temperatur auf niedrige Stufe stellen und das Fleisch mindestens 3 Stunden garen. Ab und zu umrühren und wenn notwendig etwas warmes Wasser dazugeben. Die Steinpilze in warmem Wasser einweichen und dann sorgfältig ausdrücken.

Nach 2 ¼ Stunden die Pinienkerne und die Pilze zu dem Fleisch geben; mit Salz und Pfeffer abschmecken. Kurz vor Ende der Garzeit das Fleisch mit dem Rührlöffel zerteilen.

Die Ravioli nach Packungsanleitung kochen, auf Tellern anrichten, mit Sauce bedecken und mit Parmesan bestreuen.

Abbinamento consigliato Rossese oder Granaccia (Azienda Agricola Biologica Vio Giobatta)

Fettuccine saltate con porcini e seppie

Fettuccine mit Steinpilzen und Tintenfisch
von der »Trattoria dell'Acciughetta«

Für 4 Personen
Zubereitungszeit 35 Minuten

100 g frische Steinpilze, mit einem feuchten Tuch gesäubert
100 g Sepien, küchenfertig vorbereitet
20 ml Olivenöl extra vergine
1 Knoblauchzehe, geschält
200 ml Weißwein
20 g glatte Petersilie, gehackt
Salz
frisch gemahlener schwarzer Pfeffer
400 g Fettuccine

Die Pilze in Scheiben, die Sepien in Streifen schneiden. In einem großen Topf das Olivenöl erhitzen. Die Sepien und den Knoblauch darin einige Minuten anbraten, dann mit dem Wein ablöschen. Die Steinpilze und die Hälfte der Petersilie dazugeben, salzen und pfeffern.

Die Fettuccine in reichlich kochendem, gesalzenem Wasser al dente kochen, abseihen und vorsichtig unter die Sauce rühren. Auf Tellern anrichten, mit der restlichen Petersilie bestreuen und servieren.

Abbinamento consigliato Pigato oder Vermentino Colli Di Luni (Azienda Agricola Biologica Vio Giobatta)

Bagnun di acciughe del marinaio

Sardellen in Tomatensauce
von der »Trattoria dell'Acciughetta«

Für 4 Personen
Zubereitungszeit 40 Minuten, plus Säubern der Sardellen

400 g frische Sardellen
1 kleine Zwiebel, geschält
Olivenöl extra vergine
1 Knoblauchzehe, geschält
500 g passierte Tomaten *(passata)*
2 Basilikumblätter
Salz
frisch gemahlener schwarzer Pfeffer
3 EL gehackte glatte Petersilie
einige Scheiben Brot, im Ofen geröstet

Die Sardellen ausnehmen, Kopf und Mittelgräte entfernen. Die Fische sorgfältig abspülen. Die Zwiebel fein hacken.

In einem großen Topf reichlich Olivenöl erhitzen. Die Zwiebel und den Knoblauch darin anschwitzen. *Passata*, Basilikum, Salz und Pfeffer zugeben und die Sauce 20 Minuten bei geringer Temperatur kochen.

Die Sardellen hinzufügen und 10 Minuten bei geringer Temperatur ohne Deckel garen. Den *bagnun* auf vier Tellern anrichten, mit etwas Olivenöl beträufeln, mit Petersilie bestreuen und mit geröstetem Brot servieren.

Abbinamento consigliato Pigato oder Bianchetta (Azienda Agricola Biologica Vio Giobatta)

Millefoglie di acciughe marinate

Fladenbrot-Sardellen-Turm
von der Trattoria dell'Acciughetta

Für 4 Personen
Zubereitungszeit 10 Minuten, plus Säubern der Sardellen, plus 12 Stunden Marinieren

400 g frische Sardellen
1 Knoblauchzehe, geschält
1 Bund Petersilie
20 ml Olivenöl extra vergine
20 ml Weißweinessig
100 ml Zitronensaft
Salz
Pane Carasau (Fladenbrot aus Sardinien)

Die Sardellen ausnehmen, Kopf und Mittelgräte entfernen. Die Fische auf der Bauchseite einschneiden, wie ein Buch öffnen, in Wasser mit Eiswürfeln waschen, auf ein Tuch legen und vorsichtig trocken tupfen.

Den Knoblauch und die Petersilie fein hacken. Das Olivenöl mit dem Essig und dem Zitronensaft kräftig verrühren, Knoblauch und Petersilie dazugeben und mit Salz abschmecken. Die Sardellen in eine Form schichten, mit der Emulsion übergießen und 12 Stunden im Kühlschrank marinieren.

Die Sardellen aus dem Kühlschrank nehmen, abwechselnd mit dem Pane Carasau zu einem kleinen Turm schichten und servieren.

Abbinamento consigliato Sauvignon Blanc

Liguria

27

Piemonte

Von Langsamkeit und Genuss – zu Besuch in der Universität von Slow Food

Tavole Accademiche | Università degli Studi di Scienze Gastronomiche

Bra/Pollenzo (CN) Italia

Cuneo, Bra, Cittàslow, L'Università degli Studi di Scienze Gastronomiche, Pollenzo, lo studente, Tavole Accademiche, buono, pulito, giusto, i buongustai, Piazza Navona, Il Manifesto, amici del Barolo, Slow Food, la lumaca, Carlo Petrini

Piemonte

Die Gemeinde Bra steht nicht nur für den gleichnamigen bekannten Käse aus dem Piemont oder die alle zwei Jahre im September stattfindende Käsemesse Cheese, sondern auch für Entschleunigung. Um die Geburtsstätte der Langsamkeit in der italienischen Provinz von Cuneo zu erreichen, fahre ich zunächst mit dem Regionalzug von Torino Porta Susa nach Bra. Hier wurde am 22. Juni 1949 der Publizist und Soziologe Carlo Petrini geboren, der Gründer der Non-Profit-Organisation Slow Food. Die Bewegung Slow Food setzt sich für bewusstes Essen und Genießen, für den Erhalt regionaler Gerichte, Zubereitungsmethoden und traditioneller Herstellungsverfahren, für Biodiversität und für Fairness gegenüber Natur, Tier und Mensch ein. Von Slow Food inspiriert gründeten 1999 vier italienische Städte, darunter auch Bra, die Bewegung »Cittàslow«. Sie setzt sich für kulturelle Diversität und die Verhinderung der Vereinheitlichung von Städten ein.

Der Lebenslauf von Carlo Petrini ist von seinem Gründungseifer geprägt. Seine vielen Einrichtungen verzweigen sich immer wieder in weitere Nebengründungen. Gemeinsam ist allen eins: Sie haben stets Fairness, Genuss und den Erhalt von Vielfalt als Hauptthema. Der Wunsch, das durch die Arbeit in seinen Einrichtungen angesammelte Wissen in wissenschaftlicher Form weltweit weiterzugeben, war ein Anliegen, das im Jahr 2004 zu einer weiteren Gründung führte, nämlich der ersten Slow-Food-Universität, der »L'Università degli studi di Scienze Gastronomiche di Pollenzo«. Und genau dorthin führt mich mein Weg. Auf der Piazza Roma, in der Nähe des Bahnhofs von Bra, warte ich deshalb auf die Buslinie Nr. 2, die mich in den Ortsteil Pollenzo bringt. Hier erwartet mich Claudia Argiolas, die gemeinsam mit Francesca Farkas für die »Scuola di Cucina di Pollenzo« verantwortlich ist.

Neben dem geistes- und naturwissenschaftlichen Studium, das in Kurse und Masterstudiengänge unterteilt und mit Reisen in die ganze Welt verbunden ist, gibt es mittlerweile auch die »Scuola di alta cucina domestica italiana« und vor allem die »Tavole Accademiche«, die die Studenten auch mit dem praktischen Teil des Studiums in direkten Kontakt bringen. Das Konzept dahinter lasse ich mir von Lapo Querci erklären, dem leitenden Chefkoch der »Tavole Accademiche«.

Lapo Querci, der hier auch einmal studierte und den man mit seinen 27 Jahren immer noch leicht für einen Studenten halten könnte, leitet neben einigen Kursen auch die Mensa der Studenten, die hier »Tavole Accademiche« heißt. Sie wurde 2013 von Carlo Petrini gegründet, dahinter steckt die Idee, den Studenten auch während ihrer Mittagspause die Philosophie von Slow Food näherzubringen. Die Gerichte der Mensa werden zum Teil von eingeladenen Sterneköchen aus aller Welt zubereitet. Jedoch müssen auch sie mithilfe des festen Küchenteams, zu dem auch Lapo gehört, bestimmte Richtlinien befolgen: Die Zutaten müssen regional sein (0 km), biologisch, gesund, fair und dürfen nicht mehr als die vorgeschriebenen 5 Euro pro Teller kosten. Den Studenten soll damit auch demonstriert werden, dass gutes Essen sehr wohl preiswert sein kann, man muss nur wissen, wie man das macht. Aber das »wie« lernen sie zum Glück ja hier. Knapp 1.700 Studenten aus aller Welt haben bereits das Wissen über gutes Essen an der Slow Food-Uni vermittelt bekommen.

Slow Food

»Tu Vuò Fà L'Americano …« (»du willst einen auf Amerikaner machen«) lautet eines der bekanntesten italienischen Lieder von Renato Carosone, das Sophia Loren 1960 in dem Film »Es begann in Neapel« sang. Auch wenn das Lied als Satire auf die Amerikanisierung Italiens geschrieben wurde, tragen Italiener eine merkwürdige Liebe für Amerika in sich. Es gibt allerdings eine Grenze: Während bei vielen Menschen bei Geld die Freundschaft aufhört, endet sie bei Italienern beim Thema Essen. Als 1986 McDonald's an der von barocken Bauten gesäumten Piazza Navona in Rom eine Filiale eröffnete, sagte eine Gruppe junger revolutionärer Feinschmecker dem Konzern den Kampf an, und zwar mit der gefährlichsten Waffe der Italiener: Spaghetti!

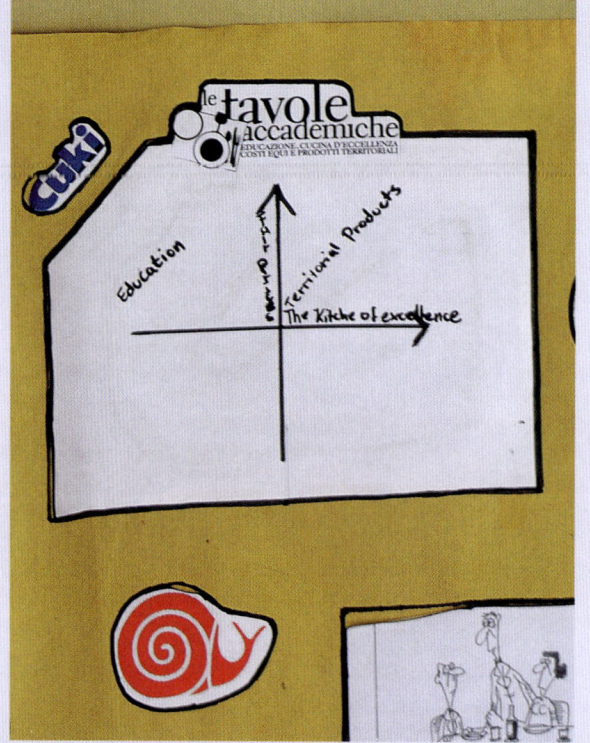

Carlo Petrini und Redakteure der Tageszeitung Il Manifesto veranstalteten ein öffentliches Essen mit italienischen Speisen, um damit ihren Unmut gegenüber einer Amerikanisierung der Esskultur, die zugleich einen Werteverfall der Lebensmittel mit sich zieht, sehr deutlich zum Ausdruck zu bringen.

An diesem Tag war die Idee für eine der bedeutendsten Food-Bewegungen unseres Jahrhunderts geboren: Slow Food! Man kann also sagen, dass Slow Food aus der Initiative einer Gruppe leidenschaftlicher Feinschmecker entstanden ist. Carlo Petrini schreibt bereits seit den 70er-Jahren über Essen und Trinken und war auch an der Gründung des renommierten Magazins »Gambero Rosso« beteiligt. Er gründete zusammen mit Freunden die Vereinigung »Freunde des Barolo«, und zwar zu der Zeit, als der Methanol-Skandal im Wein Tote forderte und viele unschuldige Winzer in den Ruin trieb. Petrini und seine Freunde versuchten mit dieser Vereinigung, den geschädigten Ruf des Weins wieder herzustellen. Als dann 1986 McDonald's nach Rom kam, gab es für Slow Food kein Halten mehr.

Gegründet wurde diese Bewegung aber erst 1989 während einer Versammlung in Paris. Die Schnecke wurde zum Symbol der Slow-Food-Bewegung, sie steht als Sinnbild dafür, dass Qualität nun mal Zeit braucht. Carlo Petrini, der zwar 2006 den Vorsitz von Slow Food Italien abgab, aber noch Präsident von Slow Food International ist, fasst die Ziele hinter Slow Food mit drei Worten zusammen: *buono, pulito e giusto* (gut, sauber und fair). Wenn eines davon fehlt, ist es nicht mehr Slow Food, so Petrini.

»*Gut:* wohlschmeckend, nahrhaft, frisch, gesundheitlich einwandfrei, die Sinne anregend und befriedigend.
Sauber: sauber hergestellt, ohne die Ressourcen der Erde, die Ökosysteme oder die Umwelt zu belasten und ohne Schaden an Mensch, Natur oder Tier zu verursachen.
Fair: die soziale Gerechtigkeit achtend, mit angemessener Bezahlung und fairen Bedingungen für alle — von der Herstellung über den Handel bis hin zum Verzehr.«

Aus Slow Food Deutschland

Slow Food wächst weltweit beständig weiter durch immer neue Projekte, die stets die drei unumstößlichen Grundregeln befolgen: *buono, pulito e giusto*.

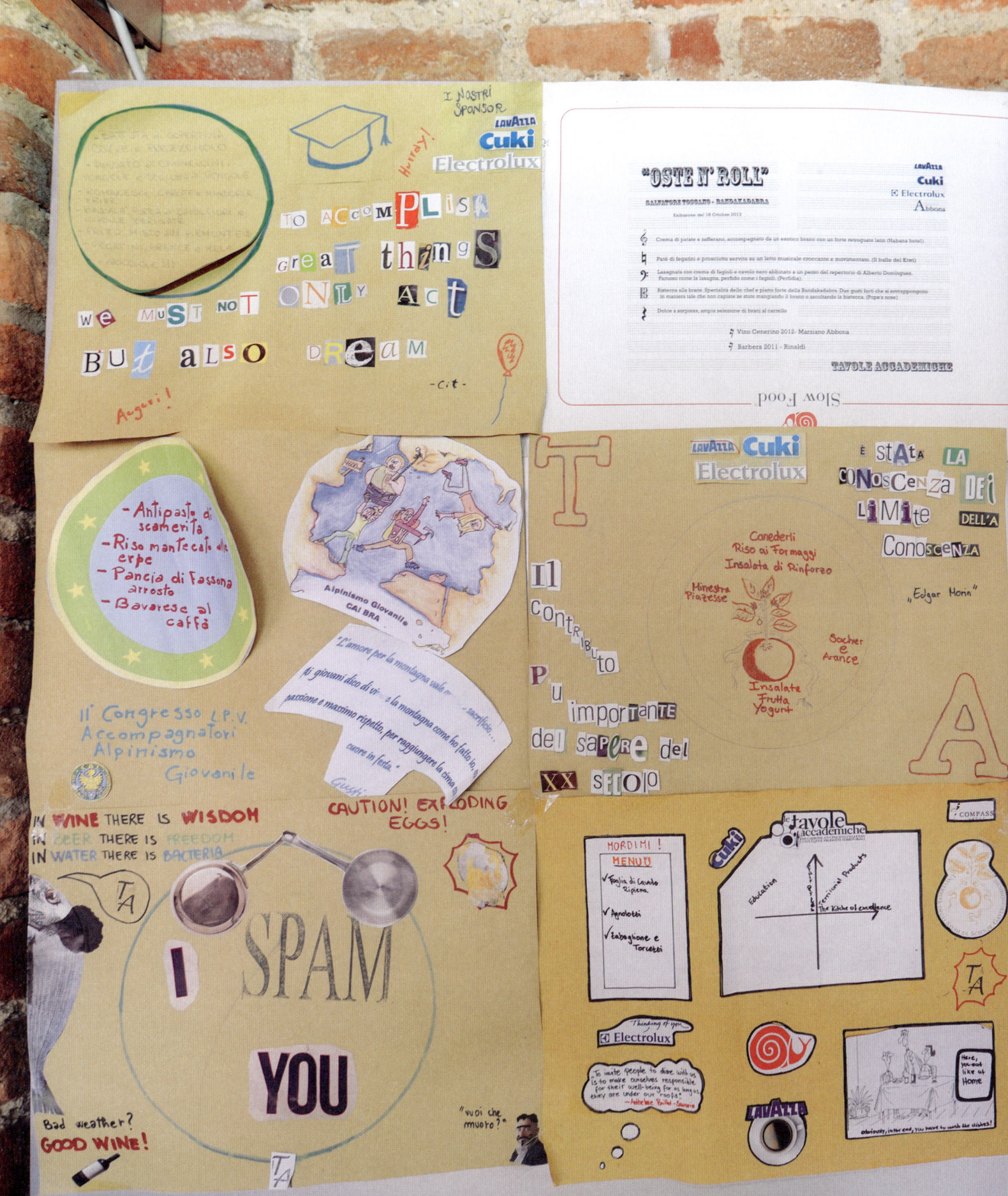

Acciughe al verde con baccalà mantecato

Sardellen mit Stockfischcreme
von Lapo Querci

Für 4 Personen
Zubereitungszeit 45 Minuten, plus 12 Stunden Wässern, plus einige Stunden Marinieren

Für die Stockfischcreme
300 g Stockfisch *(baccalà)*
100 g Kartoffeln | 50 ml Sahne
½ Knoblauchzehe, zerdrückt
20 g glatte Petersilie, gehackt | frisch gemahlener Pfeffer
Peperoncino (nach Geschmack)
300 ml Olivenöl extra vergine
Kräuter oder Blüten nach Wahl (für die Dekoration)

Für die Sardellen
10 in Salz eingelegte Sardellen
Rotweinessig | 50 g Petersilie
2 Knoblauchzehen, geschält | 1 Lorbeerblatt
Olivenöl extra vergine

Am Vortag den Stockfisch in kaltes Wasser legen und mindestens 12 Stunden wässern, dabei das Wasser mehrmals wechseln. Die ungeschälten Kartoffeln in gesalzenem Wasser weich kochen, dann abgießen, etwas abkühlen lassen und pellen.

Am Tag der Zubereitung die Sardellen längs aufschneiden, entgräten und mit Essig waschen. Die Petersilienblätter von den Stängeln zupfen und zusammen mit dem Knoblauch fein hacken. Die Sardellenfilets mit der Petersilien-Knoblauch-Paste bedecken, das Lorbeerblatt dazugeben, alles mit etwas Olivenöl übergießen und einige Stunden ziehen lassen.

Den Stockfisch 5 Minuten blanchieren und abtropfen lassen. Den Fisch entgräten und auseinanderzupfen. Die Kartoffeln durch die Presse drücken und zusammen mit dem Stockfisch, der Sahne, dem Knoblauch, der Petersilie, Pfeffer und Peperoncino vermischen. Nach und nach das Olivenöl unterrühren, sodass eine luftige, nicht zu flüssige Creme entsteht. Je fünf Sardellenfilets mit Kräuter-Öl auf einem Teller anrichten, mit einem Eisportionierer zwei Kugeln Stockfischcreme daneben setzen und mit Kräutern oder Blüten dekorieren.

Abbinamento consigliato Für die marinierten Sardellen einen Verduno Pelaverga 2014 (Azienda Fratelli Alessandria), für die Stockfischcreme einen Alta Langa (Azienda Ettore Germano)

Guancia di fassone

Backe vom Fassone-Rind mit Kürbispüree
von Lapo Querci

Für 4–6 Personen
Zubereitungszeit 30 Minuten, plus 3–4 Stunden Garzeit

Für die Rinderbacke
800 g Backen vom Fassone-Rind
Salz | frisch gemahlener schwarzer Pfeffer
Olivenöl extra vergine

Für das Kürbispüree
500 g mehligkochender Kürbis | Salz
Olivenöl extra vergine | Rosmarin, fein gehackt

Die Rinderbacken salzen und pfeffern und in einem Bräter in heißem Olivenöl anbraten. Sobald das Fleisch Farbe angenommen hat mit 200–300 ml Wasser ablöschen und zugedeckt bei geringer Temperatur 3–4 Stunden schmoren. Eventuell etwas warmes Wasser nachgießen.

Den Kürbis schälen, von Fasern und Kernen befreien, in Stücke schneiden und in gesalzenem Wasser gar kochen. Den Kürbis durch eine Kartoffelpresse drücken und mit Olivenöl, Rosmarin und Salz abschmecken. Das Fleisch mit etwas Sauce auf Tellern anrichten und mit dem Püree servieren.

Abbinamento consigliato Die Redakteure des »Slow Wine«-Führers finden, dass zu diesem Gericht ein Barbaresco DOCG San Stunet 2010 (Azienda Piero Busso) sehr gut passt.

Piemonte

35

Agnolotti di magro

Gefüllte Nudeltaschen
von Lapo Querci

Für 4–6 Personen
Zubereitungszeit 1 Stunde, plus 30 Minuten Ruhezeit

Für die Agnolotti
300 g Mehl (Tipo 0 oder Type 550)
3 Eier

Für die Füllung
frische Kräuter (beispielsweise Majoran,
    mentuccia (Bergminze) oder Minze)
250 g Kuhmilchricotta (vorzugsweise *seirass fresca*,
    frischer Ricotta aus dem Piemont)
Salz

Für die Sauce
120 g Butter
Salz
120 ml Weißwein
Majoran- oder Minzeblättchen zum Bestreuen

Das Mehl auf die Arbeitsplatte häufen. In der Mitte eine Mulde bilden, die Eier hineingeben und so lange kneten, bis ein elastischer Teig entsteht. Den Teig zugedeckt 30 Minuten bei Zimmertemperatur ruhen lassen.

Für die Füllung die Kräuter grob hacken und mit dem Ricotta verrühren. Die Masse mit Salz abschmecken.

Den Teig dünn zu etwa 10 cm breiten Bahnen ausrollen, gehäufte Teelöffel Füllung mit einem Abstand von etwa 3 cm mittig auf die Teigbahnen geben und den Teig so darüberschlagen, dass er die Füllung komplett bedeckt. Den Teig zwischen den Füllungen leicht zusammendrücken und die Teigbahnen mit einem Rädchen so in gleich große Stücke schneiden, dass sich an drei Seiten ein zusammengedrückter Teigrand befindet. Die Agnolotti sofort in kochendes gesalzenes Wasser geben und in etwa 2 Minuten gar kochen.

Für die Sauce die Butter bei geringer Temperatur schmelzen lassen und salzen. Den Wein angießen und die Sauce aufkochen lassen.

Die Agnolotti auf Tellern anrichten, mit der Sauce übergießen, mit einigen Kräutern dekorieren und servieren.

Abbinamento consigliato Für dieses Gericht empfehlen Giancarlo Gariglio und Jonathan Gebser von der Redaktion des »Slow Wine«-Führers Barbera d'Asti DOCG Superiore Nizza Titon 2012 (Azienda L'Armangia).

Bonèt

Pudding mit Amaretti und Schokolade

Für 6 Personen
Zubereitungszeit 30 Minuten, plus 35–40 Minuten Backzeit

Für den Pudding
100 g Haselnusskerne
1 Vanilleschote
300 ml Milch
100 ml Sahne
100 g Amaretti, etwas zerkleinert
60 g Zartbitterschokolade, gerieben
4 Eier
40 ml Rum
60 g Zucker

Für den Karamell
100 g Zucker
Kakaopulver zum Bestauben

Den Backofen auf 180 °C vorheizen.

Die Haselnüsse etwa 10 Minuten im Backofen rösten, dann in ein Tuch geben und gegeneinander reiben, damit sich die braune Haut löst. Die Nusskerne grob hacken.

Die Vanilleschote längs aufschlitzen und das Mark herauskratzen. Vanillemark und -schote mit der Milch und Sahne in einen Topf geben, erhitzen, vom Herd nehmen und einige Minuten ziehen lassen. Die Schote entfernen und die Amarettistückchen zusammen mit der geriebenen Schokolade in die Milch rühren.

Die Eier mit dem Rum und Zucker in eine Schüssel geben und etwas verquirlen, die Amarettimasse und die Nüsse unterrühren.

In einer Pfanne mit hohem Rand den Zucker für den Karamell erhitzen. Sobald er geschmolzen ist, 100 ml Wasser dazugeben und ohne zu rühren kochen, bis ein Sirup entsteht. Den Karamell entweder in sechs ofenfeste Förmchen oder in eine Kastenbackform gießen, die Puddingmasse (sie sollte noch recht flüssig sein) vorsichtig daraufgeben. Die Formen in eine größere Form setzen und so viel Wasser angießen, dass sie zur Hälfte in dem Wasser stehen. Den Pudding 35–40 Minuten backen.

Den Pudding aus dem Ofen nehmen und vollständig abkühlen lassen, damit er fest wird. Stürzen, mit Kakaopulver bestauben und servieren.

Valle d'Aosta

Von Käse und königlichen Kühen – zu Besuch bei Karin & Corrado

Bed & Breakfast Gran Paradiso | Guida Alpina Corrado Gontier

Jovencan (AO), Italia

Mont Blanc, fonduta, Fontina DOP, pane di segale, Monte Rosa, castagne, Jambon de Bosses DOP, Lard d'Arnad DOP, Matterhorn, Gran Paradiso, Pere Martin sec., mele Renette, Castello di Issogne, Bataille de Reines

Valle d'Aosta

An der Tür des Pompiod 8/b werden meine Reisebegleitung Gabriele und ich mit einer Umarmung sehr herzlich von Karin empfangen. Diesmal besuche ich Corrado, einen waschechten Aostataler Höhenbergführer, und seine Frau Karin, eine gebürtige Österreicherin. Zusammen führen sie das Bed & Breakfast »Gran Paradiso«. Zusätzlich steht mir Laurette zur Seite. Sie ist für den Tourismus der Stadt Aosta zuständig; und den Kontakt zu ihr habe ich Corrado zu verdanken.

Bevor Karin auf Corrado traf, lebte sie zwölf Jahre in Perugia und neun Jahre in Friaul. Kennengelernt haben sich die beiden aber nicht in Italien, sondern in Pakistan. Das war 2004 auf einer 50-Jahres-Jubiläums-Trekkingtour, bei der die Italiener feierten, dass sie die Erstbesteiger des K2 waren. Als Karin von dieser Trekkingtour hörte, wollte sie unbedingt dabei sein, der Gedanke daran ließ sie nicht mehr los. Corrado war einer der drei Führer in ihrer Gruppe – der Rest ist Geschichte.

Im Himalaja trifft man viele Männer aus dem Aostatal, weil sie stark und die Höhe gewohnt sind. Als Jacob, ihr mittlerweile neunjähriger Sohn, zur Welt kam, zog Karin ins Aostatal, die kleinste Region Italiens, wo *patois* gesprochen wird. Seit jeher war es Karins und Corrados Wunsch, etwas Eigenes aufzubauen, etwas zu machen, was sie können, was sie mögen. Herausgekommen ist das B&B »Gran Paradiso«. Während Karin die Seele der Herberge ist, arbeitet Corrado hauptsächlich als Höhenbergführer. Sein Arbeitsplatz liegt auf 2.000 bis 5.000 Metern Höhe. Skialpinismus bzw. Skitourengehen nennt sich seine Arbeit, bei der er immer den »Pieps«, das Lawinenverschütteten-Suchgerät, dabei hat, das er uns gerne erklärt. Ein großer Teil seiner Arbeit besteht darin, das Wetter zu beobachten und den Schnee zu verstehen. Damit auch wir seiner Arbeit folgen können, organisiert er für uns etwas ganz Besonderes: Er überredet Alessandro Crudo dazu, uns mit einem Motorschlitten bis ganz nach oben zu Corrados Arbeitsplatz zu fahren. Alessandro ist verantwortlich für die Sicherheit des Skigebiets Pila. »Das ist ein großes Angebot, das sie nicht jedem machen«, versichert uns Corrado, und Karin fügt hinzu: »Von oben hat man die schönste Aussicht, atemberaubend. Man sieht bis zum Matterhorn, den Monte Bianco, Monte Rosa … man sieht die schönsten, höchsten Berge überall.«

Laurette stellt uns einen Tag nach unserer Ankunft außerdem wichtige Produzenten aus dem Aostatal vor, und wir kosten viele Spezialitäten. Auch ein Mittagessen in Form der berühmten *seupa à la Vapellenetse* im renommierten Restaurant »La Clusaz«, das sich in einer Art Steinhöhle befindet und von der Familie Grange geführt wird, erwartet uns. Direkt nach dem Mittagessen (das länger als geplant ausfällt, weil uns der großzügige Signor Grange noch zahlreiche andere Spezialitäten kosten lässt) fahren wir zur Firma »De Bosses«, wo der hochwertige Schinken *Valle d'Aosta Jambon de Bosses DOP* hergestellt wird. Hier treffen wir Signor Bruno Fagatelli und folgen ihm wie drei weiße Enten, alle in weißer Schutzkleidung und blauen Schutzschuhen, durch Räume voller von den Decken herabhängender Schinken. Der Tag endet mit einem Spaziergang durch die Innenstadt von Aosta, die eine Mischung aus römischen Ruinen und schneebedeckten Bergen ist.

Am nächsten Tag geht es weiter mit der Besichtigung der *cooperativa* »Fontina in Valpelline«, wo das berühmteste Produkt des Aostatals hergestellt wird: der Fontina DOP, ein weicher Rohmilch-Schnittkäse. Direkt danach lernen wir das begnadete Pionierpaar Luciana Neyroz und Hervé Deguillaume in ihrem Agriturismo »La Vrille« in Verrayes kennen. Wir beenden den Tag mit einer voller Herzblut geführten Besichtigung des Schlosses di Issogne durch dott. Omar Borettaz und der Verkostung eines weiteren Produkts, dem Lard d'Arnad im »Maison Bertolin« in Arnad.

Die starken Frauen des Aostatals

Karin bringt uns selbst gemachte Sacher-Torte. Die Italiener lieben Sacher-Torte. Viele kommen nur wegen ihr zu Karin. In ihrer Küche hängt ein Schild, das ein Gast ihr geschenkt hat, darauf steht gestickt: »Für Karin. Die Königin der Sacher-Torte.« Karin kocht auch gerne Marmeladen und Konfitüren aus frischem, süßem Obst. Von Nonna Alba hat sie gelernt, wie man Marmelade macht, nämlich ohne Gelierzucker! Nonna Alba mag reine, pure Genüsse – und die mag Karin auch. Von Alba lernt sie viel.

Alba ist die *nonna* von Corrado. Weil seine Eltern, Papa Attilio und Mamma Enrica, viel gearbeitet haben, ist er mit seiner *nonna* groß geworden. »Sie ist eine typische Aostafrau!«, sagt Karin. »Was ist eine typische Aostafrau?«, frage ich nach. »Die Aostafrauen haben hart gearbeitet. Es sind kleine starke Frauen mit großem Busen, die viel aushalten. Weil sie viel arbeiten mussten, hatten sie keine Zeit für die Kinder.« Die Männer aus dem Aostatal hatten oft zwei Arbeitsplätze, sie waren Bauern und Arbeiter in der Stahlfabrik in der Cogne. Durch die Doppelarbeit sind sie aus der Armut herausgekommen. Sie waren auch viel in den Bergen, »als … Wilderer«, flüstert Karin. »Steinböcke und Gämsen wurden gejagt und gegessen.« Corrados Großvater ist zusätzlich zu seiner Arbeit noch mit den Rindern auf die Alm gegangen, rauf, runter, rauf, runter … jeder hatte eigene Rinder, sie waren die Basis zum Überleben.

Drei einheimische Rinderrassen gibt es im Aostatal: die Rotbunten, *Valdostana Pezzata Rossa*, die Schwarzbunten, *Valdostana Pezzata Nera* oder die Braunen, *Valdostana Castana*. Die Bauern hielten jeweils eine Rasse, gemein ist allen, dass sie die Milch für den berühmten Fontina geben, der hier nach jeder Mahlzeit auf den Tisch kommt. »Diese Rinder«, sagt Karin, »sehen auch so aus wie früher die Aostataler: klein, breit, mit kurzen Beinen. Die Weibchen kämpfen um die Rangfolge. Die stärkste gewinnt und darf kommandieren. Die anderen folgen ihr dann.« Diese unblutigen Kämpfe finden instinktiv unter den Weibchen statt, um auf natürliche Weise die »Königin« unter ihnen zu bestimmen. Allerdings kämpfen die Kühe nur, wenn es noch keine Königin unter ihnen gibt. Sobald sich in einem Stall eine behauptet hat, wird nicht mehr gekämpft. Wenn jedoch zwei Königinnen aufeinandertreffen, kämpfen diese wieder so lange, bis eine als Siegerin hervorgeht. Aus dem Kampf der Kühe hat sich *La Bataille de Reines* entwickelt, eines der beliebtesten Feste im Aostatal. Corrados Großvater ist einer der Initiatoren gewesen, der *La Bataille de Reines* nach dem Krieg wieder ins Leben gerufen hat. Jedes Jahr im Oktober findet diese Veranstaltung in einer eigens dafür gebauten Arena statt.

Zum Abendessen gehen wir zu Nonna Alba. Alba ist eine gute Köchin, vor allem die Polenta und den Risotto (einen ganz einfachen) kann sie sehr gut. Aber über allem steht ihr *l'arossto*, der Rinderbraten! Er war immer zu Festtagen sehr beliebt und Alba hat ihr Wissen an die folgenden Generationen weitergegeben. Da sie dieses Jahr 90 Jahre alt geworden ist und nicht mehr lange auf den Beinen stehen kann, macht Zia Rosanna, ihre Tochter, den Rinderbraten für uns.

Valle d'Aosta

49

Seupa à la Vapellenetse

Suppe Vapellenetse
von »La Clusaz«

Für 1 Person
Zubereitungszeit 25 Minuten, plus 15 Minuten Backzeit

2 EL geklärte Butter | 8 Scheiben Weißbrot
6 Blätter Wirsing
100 g Fontina, frisch gerieben
50 g Roggenbrot, gerieben
350–400 ml Fleischbrühe | 1 Msp. Zimt

Den Backofen auf 190 °C vorheizen. 1 EL geklärte Butter in einer Pfanne erhitzen und das Weißbrot darin anbraten. Den Wirsing in kleine Rauten schneiden, dabei die härteren Blattrippen entfernen.

Eine Auflaufform mit vier Brotscheiben auslegen und mit der Hälfte des Fontina bedecken. Den Wirsing und das geriebene Roggenbrot darauf verteilen und mit den restlichen vier Scheiben Weißbrot belegen.

Die Brühe darübergießen und mit dem restlichen Fontina bedecken. Die Suppe mit Zimt bestauben, mit der restlichen Butter beträufeln und 15 Minuten im Backofen backen.

Notizia Die Straße, auf der sich die Locanda la Clusaz, die von Maurizio Grange und seiner Frau Sevi Math geführt wird, befindet, war zu Zeiten der Römer der wichtigste Alpenübergang. Um 1050 erbaute Bernhard von Menthon, Erzdiakon von Aosta, auf der Passhöhe ein Hospiz. Daraufhin wurde der Pass nach ihm benannt: Der Große Sankt Bernhard. Die Hunderasse, die nach Lawinenopfern sucht, wurde hier gezüchtet und bekam den Namen Bernhardiner.

Abbinamento consigliato Maurizio Grange empfiehlt Valle d'Aosta DOC Torrette Feudo di San Maurizio von Michel Vallet oder Valle d'Aosta DOC Torrette Supérieur Vigne Plan von Gerbelle Didier.

Valle d'Aosta

52

Fonduta alla Valdostana

Käsefondue

Für 4 Personen
Zubereitungszeit 30 Minuten, plus 12 Stunden Einweichzeit

400 g Fontina
2 l Milch
1 EL Mehl
½ Glas Weißwein
4 Eigelb | 30 g Butter
etwas Grappa (nach Belieben)
geröstete Brotwürfel
frisch gemahlener schwarzer Pfeffer

Die Rinde des Fontina entfernen. Den Käse in dünne Scheiben schneiden und in eine hohe Edelstahl-Schüssel geben. Die Milch dazugießen und den Käse einige Stunden, am besten über Nacht, darin einweichen.

Ein Wasserbad vorbereiten, die Schüssel mit der Käsemilch daraufstellen und den Fontina unter Rühren mit einem Holzlöffel erwärmen. Erst das Mehl und dann den Weißwein unterrühren und so lange rühren, bis sich der Käse aufgelöst hat. Das Eigelb und die Butter unterrühren und den Topf vom Herd nehmen. Wer mag, fügt dem Käsefondue noch etwas Grappa hinzu. Das Käsefondue in mit geröstetem Brot ausgelegte Schälchen füllen und mit Pfeffer bestreuen.

Notizia Diese *fonduta* ist eine besondere Variante. In der Regel wird sie nur aus Fontina, Butter, Eigelb, Milch und Pfeffer zubereitet. *Fonduta* wird meist im typischen Fonduetopf mit gekochten Kartoffeln und Brot serviert. Auch wenn die *fonduta* sehr bekannt ist, ist sie in den Küchen des Aostatals nicht weit verbreitet, da dass sie sehr zeitaufwendig ist – und zudem essen die Aostataler ihren Fontina am liebsten pur.

Abbinamento consigliato Hervé Deguillaume empfiehlt für die *fonduta* einen trockenen Valle d'Aosta DOC Chambave Muscat von La Vrille.

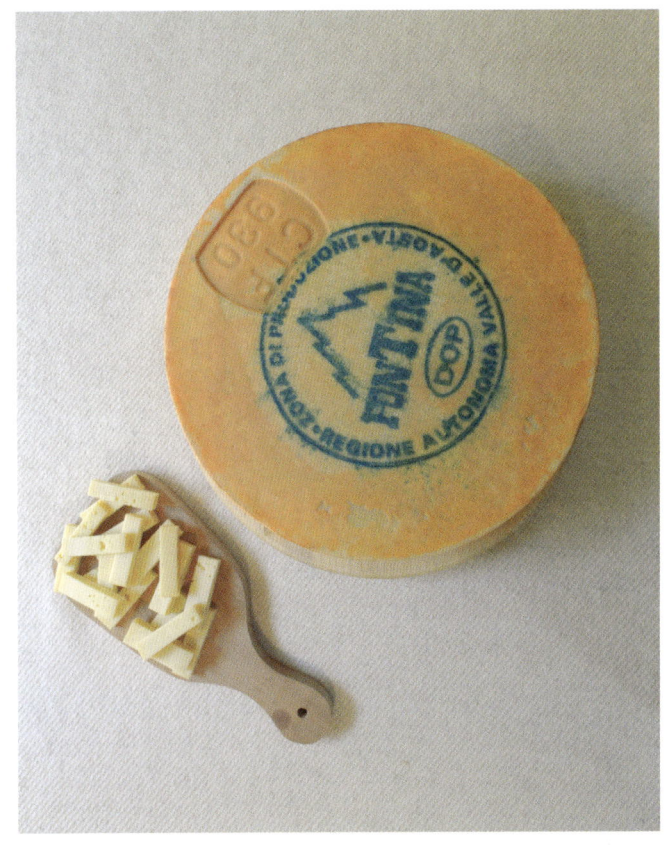

Lo pelò

Kastaniensuppe
von Luciana Neyroz

Für 3–4 Personen
Zubereitungszeit 2 Stunden 30 Minuten, plus 12 Stunden Einweichzeit

150 g getrocknete weiße Bohnen
150 g geschälte Edelkastanien
Bohnenkraut
100–150 g Gersten- oder Weizenkörner
750 ml Milch
Salz
3–4 EL geklärte Butter (beispielsweise Ghee)
Muskatnuss

Die Bohnen und die Kastanien getrennt voneinander über Nacht in Wasser einweichen. Das Einweichwasser weggießen. Die Bohnen und das Getreide nach Packungsangabe, die Kastanien in 40 Minuten weich kochen, dabei die Bohnen mit etwas Bohnenkraut in Wasser, die Kastanien und das Getreide in gesalzenem Wasser kochen.

30 Minuten vor Ende der Garzeit die Bohnen, Kastanien und das Getreide in einem Topf mischen. Die Milch aufkochen lassen, dazugießen und alles weich kochen. Die Suppe fein pürieren, mit Salz abschmecken und auf Tellern anrichten. Auf jede Portion 1 EL Butter geben und etwas Muskatnuss darüberreiben.

Notizia Diese Suppe ist im Aostatal sehr präsent, aber die Version mit Milch ist nur in Saint-Denis bekannt. Der Name Pelò leitet sich wohl von *pestare* (zerdrücken) ab.

Abbinamento consigliato Zu der Suppe und auch dem *porchon* passt ausgezeichnet ein Valle d'Aosta DOC Cornalin von La Vrille. La Vrille ist ein Agriturismo, der sich durch die Kochkunst von Luciana Neyroz einen Namen gemacht hat. Ihr Mann Hervé Neyroz Deguilllame keltert als autodidaktischer Winzer hochprämierte Weine unter Verwendung einheimischer Sorten.

Porchon

Rübeneintopf mit Salsiccia
von Luciana Neyroz

Für 6 Personen
Zubereitungszeit 2 Stunden

1 walnussgroßes Stück geklärte Butter (beispielsweise Ghee)
1 Kohlrabi, geschält und in Stücke geschnitten
4–5 mittelgroße Kartoffeln, geschält und geviertelt
5 Birnen mit festem, trockenem Fruchtfleisch
  (beispielsweise *Martin sec*, *Vegnon* oder *Genere*)
weiße Pfefferkörner
einige Wacholderbeeren, zerstoßen
Salz
Thymian (Menge nach Geschmack)
4 Salsicce oder Kochwürste (halb Rind/halb Schwein)
etwas Gemüsebrühe (bei Bedarf)

Die Butter in einem Topf zerlassen. Den Kohlrabi darin zugedeckt dünsten, bis er weich ist. Die Kartoffeln hinzufügen und zugedeckt bei sehr niedriger Temperatur etwa 15 Minuten garen. Die Birnen halbieren oder vierteln, vom Kerngehäuse befreien und mit den Pfefferkörnern und Wacholderbeeren sowie Salz und Thymian dazugeben, alles etwa 1 Stunde zugedeckt schmoren.

Nach 45 Minuten die Salsicce dazugeben und mitgaren. Sollte das Gericht zu trocken werden, etwas Gemüsebrühe hinzufügen.

Notizia Für die *porchon*, ein altes, winterliches Hauptgericht aus Verrayes, wird eine Kohlrabisorte verwendet, die in Vencorère angebaut wird.

Abbinamento consigliato Valle d'Aosta DOC Nus Malvoisie (Pinot Gris) von La Crotta de Vegneron

Torta di mele

Karins Apfelkuchen »Gran Paradiso«

Für 1 runde Backform von 24 cm Durchmesser
Zubereitungszeit 30 Minuten, plus 40–45 Minuten Backzeit

2 EL Butter, plus etwas für die Form
3–4 EL brauner Zucker für die Form
4–5 mittelgroße Äpfel
250 g Mehl (Tipo 00 oder Type 405)
3 gestrichene TL Backpulver
3 Eier | 180 g Zucker
250 ml Milch
60 g blanchierte, grob gehackte Mandelkerne

Die Backform mit etwas Butter einfetten und mit braunem Zucker ausstreuen. Den Backofen auf 180 °C vorheizen. Die Butter sachte erwärmen, sodass sie flüssig wird. Die Äpfel schälen, vom Kerngehäuse befreien, vierteln und mit den Schnittflächen nach oben in der Backform verteilen.

Das Mehl mit dem Backpulver vermischen. Die Eier mit dem Zucker hellgelb und schaumig schlagen, die Milch mit dem Mehl nach und nach unterrühren. Zum Schluss erst die flüssige Butter und dann die Mandeln dazugeben und alles gut verrühren. Den Teig über die Äpfel gießen. Den Kuchen in den Ofen schieben und 40–45 Minuten backen.

Nach 40 Minuten den Gartest mit einem Holzspieß (oder wie Karin mit einem Spaghetto) machen. Bleibt kein Teig mehr kleben, ist der Kuchen fertig.

Notizia In Italien isst man Kuchen zum Frühstück. Karin serviert diesen Kuchen in ihrem Bed & Breakfast. Dafür verwendet sie meist die selbst angebauten Bioäpfel aus ihrem Garten – eine alte und rare Jona-Sorte – und manchmal die typische Apfelsorte aus dem Aostatal, die Renette. Diese bringt meist die Mutter von Corrado aus ihrem Garten mit. Dass auch Mandeln im Aostatal wachsen, war mir neu, aber weil es tatsächlich so ist, war es für Karin keine Frage, dass diese auch in ihrem Kuchen landen.

Lombardia

Von einer Autofahrt in die Welt von Alessandro Melazzini

Journalist, Produzent und Regisseur | Monaco di Baviera, Germania
Sondrio (SO), Italia

Stelvio, Bormio, Università Commerciale Luigi Bocconi, risotto giallo, cesarina, Banca Popolare di Sondrio, ossobuco alla milanese, industria, Milano Moda Donna, pizzoccheri, sciatt, Braulio, Bresaola della Valtellina IGP, Pirovano

I Lombardia

Um 13 Uhr komme ich mit dem Zug am Münchner Bahnhof an. Ich treffe hier Alessandro Melazzini und seine Freundin Selen Gürler, um mit ihnen in Alessandros Auto weiterzufahren. Ich steige hinten ein, Selen sitzt am Steuer. Neben mir auf der Rückbank steht ein Korb mit dem Reiseproviant der beiden. Wir haben eine längere Fahrt vor uns, denn es geht in die Lombardei, genauer gesagt ins Veltlin zum Stilfser Joch. In den nächsten sechs Stunden lerne ich sehr viel über Alessandro und seine Vergangenheit. Zum Beispiel, warum er überhaupt als Norditaliener (seit wann müssen auch Norditaliener auswandern?) in Deutschland lebt, warum er den Film »Stelvio – Crocevia della pace« gedreht hat, warum er überhaupt Filme dreht, und ob er Mailand mag (ich habe Mailand nicht in bester Erinnerung). Auch was sein Lieblingsessen aus der Lombardei ist, ob seine *mamma* kochen kann, wer überhaupt Tato Sozzani ist (den wir besuchen werden) und was Pirovano ist (dort werden wir übernachten), möchte ich wissen. Er beantwortet mir geduldig alle Fragen und erzählt noch viel mehr über seine Heimat, die er vor 17 Jahren verlassen hat, um nicht – wie üblich – als Gastarbeiter in Deutschland Geld zu verdienen, sondern um in Deutschland frei zu werden.

Alessandro Melazzini wurde 1974 in Sondrio, dem größten Ort des Veltlins, geboren. Mit 19 Jahren zog er nach Mailand und studierte dort Volkswirtschaftslehre an der renommierten Wirtschaftsuniversität »Luigi Bocconi«. Aber weder in Sondrio noch in Mailand fühlte er sich zu Hause. »Sondrio ist die Stadt der Banken und Krankenhäuser und Mailand die Stadt der Arbeit und der Mode«, erzählt Alessandro. »Alles dreht sich in Mailand nur um die Arbeit. Dort geht es härter zu als in München oder in Frankfurt. Aber seit der Krise wird Mailand schöner. Auf einmal merken die Mailänder, dass es auch noch etwas anderes als Arbeit gibt. Meine Beziehung zu Italien ist eine Gespaltene. Ich musste nach Deutschland gehen, um Italien lieben zu lernen.«

Als Kompensation zu so viel Wirtschaft, Arbeit und oberflächlicher Schönheit ging er nach Deutschland und studierte in Heidelberg Philosophie. Währenddessen blühte seine alte Liebe für das Filmen wieder auf – am liebsten erzählt er dabei von Italienern und Italien. Er brachte sich die Filmarbeit autodidaktisch bei und fand durch seine Filme zurück zu seinen italienischen Wurzeln. Mit seinem Dokumentarfilm über das Stilfser Joch versöhnte er sich letztendlich wieder mit seiner Heimat. Denn jetzt weiß er, dass es außer Arbeit, Banken und viel Wirtschaft auch im Veltlin viele kreative Menschen gibt, die aber jahrelang wie durch die hohen Berge verdeckt schienen. Diese bunte Vielfalt, die er ganz neu entdeckte, portraitiert er nun in seinen Filmen und zeigt stolz, dass seine Region mehr als nur kalte Berge und berechnende Wirtschaft zu bieten hat.

Wie sinnlich seine Heimat ist, zeigt uns vor allem seine wunderbare Schwägerin Daniela, die Frau seines 13 Jahre älteren Bruders Stefano. Nach unserem Aufenthalt am Stilfser Joch, in Bormio und in Sondrio bei Alessandros Eltern, besuchen wir Daniela und Stefano in ihrer Wohnung in Mailand. Daniela ist eine offenherzige Frau, die das Kochen liebt, und so ist es nicht verwunderlich, dass sie die Idee hat, sich als *cesarina* zu bewerben. Es ist ein neuer Trend in Italien, sich gegen Bezahlung fremde Menschen nach Hause zum Essen einzuladen, sozusagen ein kleines privates Pop-Up-Restaurant für einen Abend zu eröffnen. Der Abend und das Essen bei Daniela und Stefano sind mehr als großartig – und würde sich Daniela als *cesarina* bewerben, wäre ich sicherlich ihr Stammgast!

Ein Abendessen auf 2.700 Metern

Auf der kurvenreichen, asphaltierten Passstraße hinauf zum Hotel »Pirovano« am Stilfser Joch kommen uns auffallend viele Motorrad- und Rennradfahrer entgegen. Während Selen auf dem Rücksitz gegen ihre Kopfschmerzen kämpft, kämpfe ich auf dem Beifahrersitz gegen Übelkeit. Nur Alessandro geht es gut. Nicht nur, weil er die Höhe und die kurvenreichen Straßen gewohnt ist, sondern auch, weil er zu dem Ort und zu den Menschen zurückkehrt, die ihm seit seinem Dokumentarfilm »Stelvio – Crocevia della pace« – »Stilfser Joch: Kreuzweg des Friedens« – aus dem Jahr 2014 ans Herz gewachsen sind. In diesem Film erinnert er auch an den Gebirgskrieg hier auf dem Stilfser Joch zwischen Italien, der Schweiz und Österreich während des Ersten Weltkriegs. »Es ist nicht so, dass Berge Feinde sind. Die Berge habe ich immer geliebt. Sie bedeuten zwar teils Enge und versperren die Sicht, aber sie kurbeln auch die Fantasie an, indem man darüber nachdenkt, was hinter den Bergen sein könnte.«

Als wir 2.700 Meter Höhe erreichen, sehe ich schon das große Hotel »Pirovano«, das auch eine Skischule beherbergt und sich im letzten Sommerskigebiet der Alpen befindet. Auch in diesem Hotel hat Alessandro gedreht – und Tato Sozzani interviewt, was ich morgen früh auch tun werde. Tato Sozzani ist *un grande signore*, der auf die Achtzig zugeht und Präsident dieser großen Ski-Hotel-Anlage ist. Aber nicht nur das, er ist nicht nur der Hotelier schlechthin im Veltlin, erzählt mir Alessandro, sondern auch DER Experte der Veltliner Küche. Er hat bereits zwei Kochbücher darüber geschrieben und kümmert sich immer noch selbst um das Essen im »Pirovano«, das wir abends zusammen mit Stefano Dalla Valle, dem Direktor des »Pirovano«, einnehmen werden.

Abends sitzen wir also zu viert im großen Speisesaal und verzehren erst *pizzoccheri* (Buchweizennudeln), die früher ein Sonntagsessen, also *cibo della festa*, waren, und dann *sciatt*, in Buchweizenteig frittierten Käse, mit Bresaola. Das Essen hier ist das Essen der Bauern und der Berge: meist vegetarisch und stets gehaltvoll. Um die Mahlzeit mit einem Braulio abzuschließen, gehen wir an die Bar. Braulio, der berühmteste Amaro aus dem Veltlin, wurde aus Kräutern des Stilfser Jochs und Quellwasser im Jahr 1875 vom Botaniker Francesco Peloni erfunden. Das Rezept ist noch heute streng geheim. Selen schwört auf den Amaro, »er wirkt wie Medizin!«, versichert sie mir, nachdem ich überlege, ob zu den Kopfschmerzen, die ich aufgrund der Höhe habe, ein Kräuterbitter eine gute Idee ist. Nachts liege ich dann tatsächlich auch hellwach in meinem Bett und lausche der Stille der Berge und dem Brummen in meinem Kopf.

Am nächsten Morgen, nachdem mir Tato Sozzani noch die beiden Rezepte unseres Abendessens anvertraut hat, machen wir uns auf den Weg nach Bormio zu Egidio Tarantola, dem Inhaber des Braulio-Kellers. Und dann verlassen wir Veltlin auch schon wieder, jeder glücklich mit einer Flasche Alpenmedizin unter dem Arm, und es geht Richtung Mailand.

Lombardia

Pizzoccheri

Buchweizennudeln
von Renato Sozzani

Für 4 Personen
Zubereitungszeit 1 Stunde

300 g Buchweizenmehl
100 g Weizenmehl (Type 405) | Salz
400 g Wirsing, Strunk entfernt, in feine Streifen geschnitten
250 g Kartoffeln, geschält und gewürfelt | 200 g Butter
1 Knoblauchzehe, geschält, in feine Scheiben geschnitten
2 Salbeiblätter, grob gehackt
1 Zwiebel, geschält, in feine Streifen geschnitten
300 g Valtellina Casera DOP oder Bergkäse, klein gewürfelt
100 g Grana Padano, frisch gerieben
frisch gemahlener schwarzer Pfeffer

Beide Mehlsorten mit zwei großen Prisen Salz und 200–230 ml Wasser vermischen und in etwa 10 Minuten zu einem geschmeidigen Teig verarbeiten. Den Teig zu einer Kugel formen und zugedeckt 30 Minuten an einem kühlen Ort ruhen lassen.

Den Teig auf der bemehlten Arbeitsfläche 2–3 mm dick ausrollen und in etwa 1 cm breite und 5–6 cm lange *pizzoccheri* schneiden. Den Wirsing und die Kartoffeln in kochendes gesalzenes Wasser geben, nach 5 Minuten die *pizzoccheri* hinzufügen und alles weitere 10 Minuten kochen.

Inzwischen in einer Pfanne die Butter zerlassen. Den Knoblauch, den Salbei und die Zwiebel mit etwas Salz darin anschwitzen, bis alles etwas Farbe annimmt.

Die Hälfte der Nudelmischung in eine Auflaufform geben, mit 150 g Käse bestreuen und diesen Vorgang wiederholen. Die Buttersauce darübergießen, pfeffern und heiß servieren.

Notizia Wer will, kann die *pizzoccheri* noch mit etwas *pesteda* des Kellners Franco Piardi würzen. Dafür schwarzen Pfeffer (Franco nimmt 60 g), 6–7 Knoblauchzehen, je eine Handvoll Schafsgarbe und Thymian und Salz (5–6 TL) im Mixer zerkleinern. Zum Schluss 1 TL Rotwein unterrühren.

Sciatt con Bresaola

Käse in Buchweizenteig mit Bresaola
von Renato Sozzani

Für 4–6 Personen
Zubereitungszeit 35 Minuten

300 g Buchweizenmehl
200 g Weizenmehl (Type 405)
Salz
¼ TL Backpulver
50 ml Grappa
500–550 ml Mineralwasser (mit Kohlensäure)
300 g Valtellina Casera DOP oder Bergkäse
3 EL Semmelbrösel
200–300 g Bresaola
2–3 Handvoll Feldsalat
80–100 g Grana Padano, frisch gehobelt
60–80 g Pinienkerne
frisch gemahlener schwarzer Pfeffer
Frittieröl

Beide Mehlsorten mit einer großen Prise Salz, dem Backpulver, dem Grappa und so viel Mineralwasser verrühren, dass eine Art Pfannkuchenteig entsteht. Den Käse in 1,5–2 cm große Würfel schneiden und zusammen mit den Semmelbröseln unter den Teig rühren. Den Teig 20 Minuten im Kühlschrank ruhen lassen.

In einem Topf das Frittieröl erhitzen, von Teig umhüllte Käsestückchen löffelweise hineingeben und rundherum knusprig backen; auf Küchenpapier abtropfen lassen. Die fertigen *sciatt* so lange warm halten, bis sämtlicher Teig verbraucht ist.

Die Bresaola auf Tellern anrichten, in die Mitte etwas Feldsalat geben, einige *sciatt* darauflegen, mit Grana Padano und Pinienkernen bestreuen und etwas schwarzen Pfeffer darübermahlen.

Abbinamento consigliato Valtellina Superiore Sassella DOCG von Sassi Solivi

Ossobuco alla milanese

Kalbsbeinscheiben mit Safranrisotto
von Daniela Rogna

Für 4 Personen
Zubereitungszeit 1 Stunde, plus 2 Stunden Schmoren

Für die *ossibuchi*
50 g Butter | 4 Beinscheiben vom Kalb
2–3 EL Weizenmehl | 200 ml Weißwein
Salz | frisch gemahlener schwarzer Pfeffer

Für die Risottobrühe
700 g Hohe Rippe vom Rind | 1 Markknochen
je 1 Karotte, Zwiebel und Stange Staudensellerie,
 geschält bzw. geputzt und grob zerkleinert | Salz

Für den Safranrisotto
100 g Butter | 1 Zwiebel, geschält und klein geschnitten
400 g Carnaroli-Reis | ½ Glas Rotwein
2 Päckchen Safranfäden (0,2 g)
100 g Parmesan, frisch gerieben

Für die Gremolata
1 Handvoll glatte Petersilie
abgeriebene Schale von ½ unbehandelten Zitrone

In einem schweren Bräter die Butter erhitzen. Die Beinscheiben in Mehl wenden und in der Butter von beiden Seiten goldbraun anbraten. Mit dem Weißwein ablöschen und ein halbes Glas heißes Wasser dazugeben; salzen und pfeffern. Das Fleisch zugedeckt bei mittlerer Temperatur 2 Stunden schmoren lassen, dabei gelegentlich wenden. Bei Bedarf heißes Wasser dazugießen. Inzwischen alle Zutaten für die Brühe in etwa 1,5 l Wasser geben und halb zugedeckt 1,5 –2 Stunden köcheln lassen. Die Brühe durch ein Sieb gießen und warm halten.

Für den Risotto 50 g Butter in einem Topf erhitzen und die Zwiebel darin 5 Minuten anschwitzen. Den Reis dazugeben und unter Rühren etwa 1 Minute anbraten. Mit dem Wein ablöschen. Nun eine Schöpfkelle voll Brühe dazugeben, umrühren und vom Reis aufsaugen lassen. Dann erneut Brühe dazugeben. So fortfahren, bis der Reis bissfest ist; vom Herd nehmen. Den Safran, die restliche Butter und den Parmesan unterrühren und mit Salz und Pfeffer abschmecken. Die Petersilie fein hacken und mit der Zitronenschale mischen. Die Ossibuchi auf Tellern anrichten mit *gremolada* bestreuen und mit Risotto servieren.

Torta salata con zucchine

Zucchinikuchen
von Daniela Rogna

Für 4 Personen
Zubereitungszeit 30 Minuten, plus 40 Minuten Backzeit

160 g Weizenmehl (Tipo 00 oder Type 405) | Salz
80 g Butter, in Stücke geschnitten
Olivenöl extra vergine
1 Knoblauchzehe, geschält und zerkleinert
1 Peperoncino
4 mittelgroße Zucchini, in Scheiben geschnitten
200 g Gorgonzola
2 Eier | 50 g Parmesan

Das Mehl mit einer Prise Salz vermischen und auf die Arbeitsplatte sieben. In der Mitte eine Mulde bilden, die Butter und 2 EL kaltes Wasser hineingeben und alles zu einem glatten Teig verkneten. Den Teig zu einer Kugel formen und 30 Minuten an einem kühlen Ort ruhen lassen.

Währenddessen in einer Pfanne 3 EL Öl erhitzen. Den Knoblauch, den Peperoncino und die Zucchini hineingeben, salzen und 15–20 Minuten garen. Den Gorgonzola in einer Antihaftpfanne zerlassen. Den Backofen auf 180 °C vorheizen. Eine runde Springform buttern, mit dem Teig auskleiden und diesen mit einer Gabel mehrmals einstechen.

Die Eier mit etwas Salz und dem Parmesan verquirlen, die Zucchini und den Gorgonzola unterheben. Die Zucchinimasse auf den Teig geben und etwa 40 Minuten backen.

Torta di pane

Brotkuchen mit Amaretti und Kakao
von Daniela Rogna

Für 1 Kuchen
Zubereitungszeit 15 Minuten, plus 40–45 Minuten Backzeit

250 g altbackenes Weißbrot
700 ml lauwarme Milch
200 g Amaretti
100 g Zucker
50 g flüssige Butter, plus etwas für die Form
1 Ei
2 EL ungesüßter Kakao
etwas Mehl für die Kuchenform
einige Pinienkerne (nach Belieben)
Puderzucker

Den Backofen auf 180 °C vorheizen. Das Brot in Stücke schneiden und in der lauwarmen Milch einweichen.

Das eingeweichte Brot mit der Milch und den restlichen Zutaten in einen Mixer geben und so lange zerkleinern, bis sich eine homogene Masse bildet.

Eine runde Kuchenform einfetten und mit Mehl bestauben. Die Brotmasse hineingeben und nach Belieben einige Pinienkerne oben auf dem Teig verteilen.

Den Kuchen 40–45 Minuten backen. Vor dem Servieren etwas abkühlen lassen und mit Puderzucker bestreuen.

Notizia Daniela hat uns den Kuchen mit Schlagsahne und frischen Erdbeeren serviert.

Abbinamento consigliato Daniela empfiehlt zum Brotkuchen einen Spumante dolce, z. B. La Versa

Trentino-Südtirol

Von altem Gemüse und jungen Bauern – zu Besuch bei Harald Gasser & Familie

Aspinger Raritäten | De horto naturali

Barbian (BZ) Italia

Barbian, Aspingerhof, Einklang, experimentierfreudig, Erdmandel, Alte Sorten, Arche Noah, Glückskleerübchen, Spitzenköche, Sortenvielfalt, Raritäten, Permakultur, Endverbraucher, Optik, Geschmack, Mischkultur, Natur teilen

Auch wenn die Südtiroler deutsch sprechen, pflegen sie natürlich ihren eigenen, regionalen Dialekt, in den man sich erst hineinhören muss. Mir geht es da nicht anders: Ich habe mich verhört und reserviere im falschen Ort mein Hotelzimmer. Als Harald Gasser davon erfährt, bittet er mich, das Zimmer sofort zu stornieren und ein anderes zu buchen. Aber in der Nähe seines Hofs gibt es keine Zimmer mehr – alles ist ausgebucht. Deshalb machen er und seine Frau Petra Ottavi zum ersten Mal eine Ausnahme und überlassen mir das Gästezimmer in ihrem Haus. Ich bin natürlich froh und packe ein paar Tage später meinen Koffer im »Aspingerhof« in Barbian aus. Als ich mich in meinem Gästezimmer umschaue, entdecke ich neben Schallplatten von The Doors, einem Buch von Bob Marley und einem Wandteppich der hinduistischen Gottheit Ganesha auch Bücher über ökologischen Gemüseanbau und das Handbuch Bio-Gemüse – Sortenvielfalt für den eigenen Garten. Wegen Letzterem bin ich hier. Im »Aspingerhof« werden an die 500 fast vergessene Obst- und Gemüseraritäten auf nicht einmal einem halben Hektar angebaut.

Harald Gasser, der früher als Sozialarbeiter behinderte Kinder in das Schulsystem integrierte und dann ein halbes Jahr durch Indien reiste, mit dem Vorsatz nicht mehr als 1 Euro am Tag auszugeben, ist kein Alt-68er, wie man vermuten würde, sondern erst Ende dreißig und sehr experimentierfreudig. Er gehört zu jener neuen italienischen Bauerngeneration, mit der die Südtiroler Marketingagentur gerne wirbt – trotz des Wissens, dass in Südtirol die allgemeinen Vorstellungen über Landwirtschaft dem diametral entgegenstehen. Haralds Vater kommt aus der konventionellen Landwirtschaft und besaß einige Milchkühe. Wie alle Hochleistungskühe benötigten auch sie Medikamente, um gesund zu bleiben. Harald wollte einen anderen Weg gehen, verkaufte die Kühe und richtete den Hof neu aus. Bei »Arche Noah« kaufte er Samen, die sich irgendwie schön anhörten und von denen er vorher noch nie etwas gehört hatte, wie beispielsweise Glückskleerübchen. Er las Bücher über ökologischen Gemüseanbau und Permakultur und verkostete auch voller Neugier unbekannte Pflanzen, weshalb er seine Frau Petra mit einer Liste mit den Notfallnummern der Vergiftungszentralen versorgte. Ursprünglich als Hobby gedacht, das ein Ausgleich zu seinem Beruf als Sozialarbeiter werden sollte, wurde daraus für Harald Gasser ein(e) 7-Tage-Vollzeitberuf(ung).

Die Pflanzen gediehen, und eines Tages standen dann auch die Spitzenköche vor seiner Tür und verlangten nach Knollenziest, Erdbeerspinat, Senfkohl, Gelben Johannisbeertomaten, Japanischem Wasserpfeffer, Teufelsohren, jenen Glückskleerübchen und unzählig vielen anderen Pflanzen, Blüten, Gemüse- und Knollenarten. Aber das war erst später so. Am Anfang seines Schaffens hielten ihn viele für verrückt – so viel Arbeit für so wenig Ertrag. Aber die wichtigsten Personen in seinem Leben wie sein Vater, seine Mutter, seine Frau und auch Freunde wie Alexander Gantioler, der ebenfalls seine selbst angebauten Produkte im Restaurant des Hotels »Haus an der Luck« verarbeitet, unterstützten ihn, wo es nur ging.

Als dann der erste Koch die Raritäten vom »Aspingerhof« für seine Küche haben wollte, stellte Harald von vornherein klar, dass seine Produkte teuer und keine Schönheiten seien, da sie ohne Düngemittel und Pestizide wachsen. Aber dem Koch war das egal, ihm ging es um den Geschmack. Deshalb arbeitet Harald Gasser gerne mit Köchen zusammen. Privatpersonen kaufen meist nach der Optik. Einen Hofladen für Endverbraucher hat der experimentierfreudige Landwirt aber ohnehin nicht, das würde die Kapazität seines Hofs auch übersteigen, denn die Nachfrage der Spitzenköche wird immer größer.

Nahrung vermehrt sich, wenn man teilt

»Dann kann man ja gar nichts mehr essen«, hört man immer wieder von Fleischessern, wenn sie auf Veganer oder Vegetarier stoßen. Die Vorstellung, dass die Auswahl an fleischloser Nahrung recht klein ist, haben aber nicht nur Fleischesser. Auch viele Gemüseliebhaber wissen nicht, welch ungeheure Vielfalt die Natur hervorbringt bzw. mal hervorbrachte, denn viele Gemüsesorten gibt es mittlerweile schon gar nicht mehr. Dass der Mensch so vieles ausgerottet hat, liegt nicht nur an seinem Sinn für zählbare Ordnung, sondern auch an seiner Idealvorstellung, lieber von wenigem sehr viel als von vielem wenig zu bekommen. Wobei Vielfalt ja nur bedeutet, dass es von einer einzelnen Sorte weniger gibt. Die Menge der Nahrung insgesamt erhöht sich, wenn man Vielfalt zulässt. Heute setzt die Agrarindustrie auf Monokulturen, die zunehmend in die Kritik geraten, da die Böden durch einseitige Bepflanzung auf Dauer auslaugen. Aber auch weil der übermäßige Einsatz von Düngemittel und Pestiziden den Boden vergiftet. Dazu kommt, dass Pflanzen häufig nicht mehr widerstandsfähig sind und nicht durch eigene Kraft überleben, sondern mit chemischen Mitteln am Leben gehalten werden. Es gibt Menschen, die diese Nahrung daher als tote Nahrung betrachten, die keine Nährstoffe, sondern im Gegenteil eher Giftstoffe liefert. Aber wie kultiviert man Gemüse ohne Gift? Wie hält man Krankheiten und Ungeziefer davon fern? Eine Richtung in der ökologischen Landwirtschaft, die diesen Weg geht, nennt sich Permakultur und bedeutet ganz einfach: leben und leben lassen.

Permakultur lehrt Nachhaltigkeit und Respekt vor dem natürlichen Lebenskreislauf. Statt Konkurrenten, die als Unkraut oder Ungeziefer bezeichnet werden, zu bekämpfen, gönnt man ihnen einfach ihren Anteil und versucht, durch Mischkulturen die Pflanzen zu stärken, damit man selbst auch seinen Anteil bekommt. Dafür benötigt man keine Giftstoffe, die Pflanzen, Boden und Mensch schädigen. Denn jede Pflanze besitzt eine Eigenschaft, die einer anderen Pflanze helfen kann, sich gegen Krankheiten oder Insektenbefall zu schützen. Knoblauch beispielsweise vertreibt Erdbeermilben und ist damit ein guter Nachbar auf dem Beet der Erdbeeren. Man muss aber auch bereit sein »abzugeben«, und zwar an Tiere bzw. an die Natur. Denn was auf der Welt existiert, gehört nicht dem Menschen allein, so die Philosophie. Er muss wieder lernen, diese eine Welt mit anderen Lebewesen zu teilen. Die konventionelle Landwirtschaft verfolgt dieses Ziel nicht, denn mit der Permakultur hat man nur den halben Ertrag, das halbe Geld, mehr Arbeit und mehr Frust. Das Paradoxe daran: Auch von der konventionellen Landwirtschaft kann man heute kaum noch leben. Aufgrund der hohen Produktionsmengen sinken die Preise. Damit die Bauern und ihre Höfe überleben und weiter produzieren können, muss ihnen geholfen werden. Eigentlich kommt man aus diesem Teufelskreislauf nur raus, wenn man teilt, auch wenn dann weniger für einen selbst bleibt. Jedoch: Von gesunder Nahrung braucht der Mensch grundsätzlich viel weniger – und weniger Nahrung bedeutet in diesem Fall sogar mehr Nährstoffe.

Trentino–Südtirol

Karottenkuchen

mit Erdmandeln
von Petra Ottavi

Für 1 Kuchen
Zubereitungszeit 30 Minuten, plus 45 Minuten Backzeit

1 Tasse geriebene Karotten
1 Tasse Kokosraspel
1 Tasse Vollrohrzucker
1 Tasse gehackte Erdmandeln
2 Eier
½ Tasse Naturjoghurt
½ Tasse Pflanzenöl oder zerlassene Butter
1 ½ Tassen Dinkel- oder Weizenvollkornmehl
½ Päckchen Backpulver
Mark von 1 Vanilleschote
1 Prise Salz
Puderzucker zum Bestreuen
Minikarotten zum Dekorieren

Den Backofen auf 170–180 °C vorheizen. Die Karotten, die Kokosraspel, den Vollrohrzucker und die Erdmandeln in eine Schüssel geben und gut verrühren.

In einer zweiten Schüssel die Eier, den Joghurt und das Öl bzw. die flüssige Butter gut verrühren. Nun den Inhalt beider Schüsseln unter kräftigem Rühren gut vermischen.

Das Mehl mit dem Backpulver, dem Vanillemark und dem Salz vermengen und nach und nach kräftig unter die Karottenmasse rühren. Die Masse in eine runde, gefettete Kuchenform geben und etwa 45 Minuten backen; aus dem Ofen nehmen und abkühlen lassen.

Den Karottenkuchen mit Puderzucker bestreuen, mit Minikarotten dekorieren und entweder selbst genießen oder an liebe Menschen verschenken.

Notizia Die Tassen von Petra Ottavi fassen etwa 220 ml.

Schwarzplentener Muas mit Hollermulla

Buchweizenmus mit Holunderbeerensirup
von Familie Gasser

Für 4 Personen
Zubereitungszeit 45 Minuten, plus 5–6 Stunden Kochzeit

Für die *Hollermulla*
(ergibt 2 Einmachgläser à 200–250 ml)
1 Apfel
1 kg vollreife Holunderbeeren
100 g Zucker

Für das *Schwarzplentener Muas*
500 ml Milch
Salz
etwa 180 g Buchweizenmehl
100–150 g Butter
4 EL *Hollermulla* (ersatzweise Zuckerrübensirup)

Für die *Hollermulla* den Apfel schälen, vom Kerngehäuse befreien und in Spalten schneiden. Die Holunderbeeren entsaften, zusammen mit dem Apfel und dem Zucker in einen Topf geben und bei geringer Temperatur in 5–6 Stunden zu einem Sirup einkochen. Ab und an umrühren.

In einer großen Eisenpfanne 500 ml Wasser zum Kochen bringen, dann die Milch und etwas Salz dazugeben. Das Mehl nach und nach unter ständigem Rühren untermischen und bei niedriger Temperatur köcheln lassen, bis sich am Rand der Pfanne und am Pfannenboden Krusten (Schorren) bilden. Vom Herd nehmen und etwas abkühlen lassen.

Die Butter in einer zweiten Pfanne hellbraun werden lassen und über das *Schwarzplentener Muas* gießen. Die *Hollermulla* ebenfalls über das *Muas* gießen. Die Pfanne auf den Tisch stellen – alle essen gemeinsam daraus.

Abbinamento consigliato Die Familie Gasser trinkt immer Milch dazu.

Kapuzinerkresseblüten

mit Ziegenkäse und gerösteten Erdmandeln
von Harald Gasser

Für 4 Personen
Zubereitungszeit 20 Minuten

1 Handvoll Erdmandeln
120 g Ziegenfrischkäse
12 Kapuzinerkresseblüten

Die Erdmandeln fein hacken und in einer Pfanne ohne Fett leicht anrösten. 1 TL Ziegenfrischkäse mittig in jede Blüte geben und mit den gehackten Erdmandeln bestreuen. Die Kapuzinerkresseblüten als Vorspeise servieren.

Abbinamento consigliato Eisacktaler Kerner

Rote-Bete-Knödel

in Gorgonzolasauce

von Alexander Gantioler, Hotel »Haus an der Luck«

Für 5 Personen
Zubereitungszeit 30 Minuten, plus 30 Minuten Ruhezeit

Für die Knödel
250 g schnittfestes Weißbrot vom Vortag,
  in Würfel geschnitten
40 g Butter
100 g Zwiebel, geschält und gehackt
4 Eier
200 g Rote Bete (vorzugsweise vom »Aspingerhof«),
  bereits gegart
30 g Mehl
Salz | frisch gemahlener schwarzer Pfeffer
gemahlener Kümmel | etwas Milch (nach Bedarf)

Für die Sauce
1 EL Olivenöl extra vergine
1 Knoblauchzehe, geschält und gehackt
100 g Gorgonzola, gewürfelt
1 Schuss Weißwein
300 ml Grand Jus oder Brühe | 100 ml Sahne

Das Weißbrot in eine Schüssel geben. Die Butter in einem Topf zerlassen und die Zwiebel darin glasig anschwitzen. Die Eier mit den Roten Beten pürieren und zusammen mit dem Mehl, etwas Salz, Pfeffer, Kümmel und der Zwiebel zu dem Brot geben. Alles verkneten, wenn die Masse zu fest wird, etwas Milch dazugeben. Die Masse 30 Minuten an einem kühlen Ort quellen lassen. Mit angefeuchteten Händen aus der Masse runde Knödel formen und diese in siedendem, gesalzenem Wasser je nach Größe 5–10 Minuten garen. Bei zu langem Garen verlieren sie ihre schöne rote Farbe.

Inzwischen für die Sauce das Olivenöl in einem Topf erhitzen und den Knoblauch darin farblos anschwitzen. Den Käse dazugeben, etwas garen und dann den Wein, Grand Jus oder Brühe und Sahne angießen und die Sauce einige Minuten kochen lassen. Falls sie zu flüssig ist, etwas eiskalte Butter in kleinen Würfeln unterschlagen. Die Knödel mit der Sauce auf Tellern anrichten.

Abbinamento consigliato Eisacktaler Kerner

Kohlrabischaumsuppe

mit gebratenem Süßwasserfisch

von Alexander Gantioler, Hotel »Haus an der Luck«

Für 4 Personen
Zubereitungszeit 50 Minuten

40 g Zwiebel, geschält
20 g Staudensellerie, geputzt
Olivenöl extra vergine
250 g Kohlrabi (vorzugsweise vom »Aspingerhof«),
  geschält
100 g Kartoffeln, geschält
900 ml Brühe
250 ml Sahne
Salz | frisch gemahlener schwarzer Pfeffer
200 g Fischfilet (beispielsweise Zander, Forelle …)
Croûtons (nach Belieben)

Die Zwiebel und den Sellerie in Stücke schneiden und in Olivenöl anschwitzen. Den Kohlrabi und die Kartoffeln in große Stücke schneiden und unterrühren. Die Brühe und Sahne angießen und alles kochen, bis die Kartoffeln weich sind. Die Suppe pürieren und in einen zweiten Topf seihen. Mit Salz und wenig Pfeffer abschmecken und warm halten.

Das Fischfilet in 50-g-Stücke schneiden, mit Salz und Pfeffer würzen und auf beiden Seiten knusprig braten. Zum Servieren die Suppe im Mixer nochmals kurz aufschäumen, dann in Teller schöpfen und mittig hinein jeweils ein Filet geben. Wer mag, kann einige Croûtons hinzufügen.

Abbinamento consigliato Eisacktaler Sylvaner

Trentino-Südtirol

87

Friuli-Venezia Giulia

Von Kaffeepausen und süßen Liebesbriefen – zu Besuch bei Familie La Porta

Pasticceria La Bomboniera | La Porta Gaetano
Trieste (TS) Italia

La Bomboniera, Caffè Tommaseo, Trieste, l'impero austro-ungarico, Caffè degli Specchi, Presnitz, b, capo, espresso, James Joyce, buffet, Piazza dell'Unità d'Italia, nero, famiglia Eppinger, Grappa di Picolit, Rigojanci, Rainer Maria Rilke

Friuli-Venezia Giulia

Wir sitzen an der großen Piazza dell'Unità d'Italia, die an drei Seiten von großartigen barocken und neoklassizistischen Palazzi begrenzt wird, und sich rechts von uns bis direkt an den Golf von Triest erstreckt. Dieser Platz gilt auch als der größte Platz Europas, der sich zum Meer hin öffnet. Wir schauen in die Karte mit den meisten Kaffeevariationen Europas und entdecken für uns unverständliche Code-Buchstaben und -Wörter wie »b« und »capo«. Auf der Karte des »Caffè degli Specchi«, in dem schon Rainer Maria Rilke und James Joyce saßen, stehen bereits auf der ersten Seite an die 16 Kaffeespezialitäten. Für Triester Kaffeehäuser ist das nichts Ungewöhnliches, für Besucher, die nicht vorher die Kaffeesprache gelernt haben, ist das alles etwas überfordernd.

Wir lernen, dass »b« für *bicchiere* (Glas) steht und der Unterschied zwischen *capo* und *goccia* die Menge der Milch definiert, aber auch ob es einfache heiße Milch oder Milchschaum sein soll. *Goccia* ist der Tropfen Milch auf dem Espresso, während *capo* schon ein *macchiato* ist, also ein Espresso mit heißer Milch und Milchschaum. Ein *goccia in b* ist also ein Espresso mit einem Tropfen warmer Milch, serviert im Glas. Ein *capo in b tanta* ist ein Espresso im Glas mit heißer Milch und viel Milchschaum. Wer zusätzlich Kakaopulver auf dem Schaum möchte, bestellt das *special* gleich mit. Ein Cappuccino heißt hier *caffelatte* oder *capo in tazza grande*. Will man einfach nur einen Kaffee, bestellt man einen *nero*, einen Espresso in der kleinen Tasse, und soll er entkoffeiniert sein, achte man auf das Wort *deca* für *decaffeinato*. Und nun raten Sie, was ein »cbs« ist – ein Espresso mit heißer Milch, serviert im Glas, aber ohne Schaum.

Wir gehen weiter ins »Caffè Tommaseo« und bestellen unseren vierten *nero* und dazu noch einen Grappa aus Trester der Picolit-Trauben. Fast alle *caffè* in Triest verströmen diese Wiener Kaffeehaus-Atmosphäre, die ein Relikt aus der Zeit vor 1918 ist, als Triest noch zu Österreich gehörte. Der Österreichisch-Ungarische Einfluss macht sich aber vor allem auch beim Essen bemerkbar, das sehr deftig und mit fremd klingenden Namen daherkommt.

Das Deftige begegnet uns beispielsweise in den Triester *buffet* wie dem »Buffet Da Pepi«, die eine Art edle Imbissstube mit Sitzgelegenheit sind. Das fremd Klingende findet sich vor allem in den *pasticcerie*, deren Kreationen ganz und gar nicht italienisch klingen: Pischinger, Linzer, Sacher, Dobos, Putizza, Presnitz, Pinza, Rigojanci …

Weil ich neugierig auf diese süßen Kreationen werde, besuchen wir die »Pasticceria La Bomboniera«, die all diese *dolci* noch nach Österreichisch-Ungarischer Tradition backt. Die Familie Eppinger, eine Emigrantenfamilie aus Ungarn, gründete die *pasticceria* im Jahr 1836. Hundert Jahre später holte die neue Besitzerfamilie Zanon den ungarischen *pasticcere* Giuseppe Poth mit an Bord, der die Führung der Backstube übernahm. Die Besitzer wechselten, und schließlich übernahm Giuseppe Poth selbst die *pasticceria* und übergab sie 20 Jahre später seinem Sohn Erwino Poth. Die historische Konditorei, komplett im Jugendstil erhalten, lässt nur hier und da die Handschrift der heutigen Besitzer, Francesca und Gaetano La Porta, erkennen. Bevor Gaetano la Porta die *pasticceria* im Jahr 2000 übernahm, war er dort lange Zeit selbst als *pasticcere* tätig und erlernte die Backkunst von seinem Chef Erwino Poth. Voller Stolz zeigt mir Gaetano den alten Holzbackofen aus dem Jahr 1836, in dem hier immer noch alle *dolci* gebacken werden. Er ist wahrscheinlich nicht nur in Triest, sondern in ganz Italien einzigartig. Bevor wir gehen, probieren wir noch die *lettere d'amore*, die es so auch nur hier gibt.

Lettere d'amore

Teigblätter mit Buttercremefüllung
angelehnt an das Rezept der »Pasticceria La Bomboniera«

Für 10-12 Stück
Zubereitungszeit 35 Minuten, plus 15 Minuten Ruhezeit, plus 5 Minuten Backzeit

1 Pkg Blätterteig (etwa 450g; aus dem Kühlregal)	30 g Zucker
1 Ei	180 g weiche Butter
170 g Milch	140 g Puderzucker
25 g Mehl	30 g Rum
	100–150 g Rohrzucker

Der Blätterteig sollte etwa 3 mm dick sein, ansonsten den Teig mit einem Nudelholz auf eine Dicke von 3 mm ausrollen und 15 Minuten im Kühlschrank ruhen lassen. Aus dem Teig Kreise mit 7–8 cm Durchmesser ausstechen und erneut 15 Minuten im Kühlschrank ruhen lassen.

In einer Schüssel das Ei mit 1–2 EL Milch und dem Mehl glatt verrühren. In einem Topf die restliche Milch mit dem Zucker erhitzen. Die Milch-Zucker Mischung unter kräftigem Rühren in einem dünnen Strahl zur Eimischung geben. Die Creme dann erneut in den Topf geben und bei mittlerer Temperatur unter Rühren eindicken lassen. Die Creme in eine Schüssel umfüllen, mit Frischhaltefolie abdecken und vollständig auskühlen lassen. Die Butter mit dem Puderzucker glatt verrühren, den Rum dazugeben und alles mit der abgekühlten Creme verrühren. Den Backofen auf 200 °C vorheizen.

Den Zucker auf die Arbeitsplatte streuen und die Teigkreise von beiden Seiten mit einem Nudelholz darüberrollen, sodass sie gleichzeitig eine ovale Form annehmen.

Ein Backblech mit etwas Wasser bespritzen, den Teig darauf legen und 5 Minuten backen. Die Teigblätter aus dem Ofen nehmen und solange sie warm sind mit dem Nudelholz darüberrollen; abkühlen lassen.

Die Hälfte der Teigovale mit Creme bestreichen, mit den restlichen Teigblättern bedecken und servieren.

Friuli-Venezia Giulia

Putizza triestina

Hefeteigrolle aus Triest
angelehnt an das Rezept der »Pasticceria La Bomboniera«

Für 1 Kuchen
Zubereitungszeit 40 Minuten, plus 2 ¼ Stunden Ruhezeit, plus 40 Minuten Backzeit

Für den Teig
10 g Hefe
150 ml lauwarme Milch
50 g Zucker
350 g Mehl (Tipo 00 oder Type 405)
50 g Butter
1 Eigelb (Größe M)
½ TL gemahlene Vanille
1 TL abgeriebene Schale von 1 unbehandelten Zitrone
2 g Salz
1 guter Schuss Rum
Ei zum Bepinseln

Für die Füllung
130 g Walnusskerne, fein gehackt oder grob gemahlen
90 g Zucker
50 g Honig
25 g Semmelbrösel
50 g Eiweiß (von 1–2 Eiern)
1 EL abgeriebene Schale von 1 unbehandelten Zitrone
1 Prise Zimt
1 Spritzer Rum
50 g Rosinen
50 g Schokolade, gehackt

Die Hefe in der lauwarmen Milch auflösen und eine Prise Zucker dazugeben. Das Mehl auf die Arbeitsplatte sieben, in die Mitte eine Mulde drücken und die Hefemilch hineingeben. Die Milchhefe mit etwas Mehl verrühren, so dass ein Brei entsteht. Diesen etwa 20 Minuten zugedeckt gehen lassen. In dieser Zeit die Butter, mit dem Zucker und dem Eigelb in einem Topf unter Rühren leicht erwärmen, bis sie geschmolzen ist. Nach 20 Minuten Gehzeit die Buttermischung zusammen mit Vanille, Zitronenschale, Salz und Rum zur Mehlmischung geben und etwa 10–15 Minuten gut durchkneten. Dann zugedeckt 45 Minuten an einem warmen Ort gehen lassen. Nach Ende der Gehzeit, den Teig auf eine bemehlte Arbeitsfläche geben, mit den Händen kurz durchkneten, zu einer Kugel formen und nochmals 20 Minuten zugedeckt gehen lassen.

In der Zwischenzeit für die Füllung alle Zutaten, außer den Rosinen und der Schokolade gut vermischen. Sie sollte weich sein. Die Pasticceria la Bomboniera empfiehlt, die Füllung leicht zu erwärmen, bevor man sie auf dem Teig verteilt.

Den Teig mit einem Nudelholz so dünn wie möglich oval ausrollen und die Füllung darauf verteilen. Die Rosinen und Schokostückchen darüberstreuen. Den Teig aufrollen und dann zu einer Schnecke zusammenrollen. Einen 6 cm hohen Backring mit 18 cm Durchmesser auf ein mit Backpapier ausgelegtes Backblech stellen, den Teig hineinlegen und 1 Stunde bei Zimmertemperatur gehen lassen.

Den Backofen auf 180 °C vorheizen. Die Hefeteigrolle mit verquirltem Ei bepinseln und etwa 40 Minuten backen. Den Kuchen abkühlen lassen und aus dem Backring lösen.

| Friuli-Venezia Giulia

96

Jota

Krautsuppe mit Bohnen in der Brotschale

Für 6 Personen
Zubereitungszeit 2 Stunden, plus 12 Stunden Einweichzeit, plus 12 Stunden Durchziehen

Für die Suppe
250 g getrocknete Borlottibohnen
2 Loorbeerblätter
4 mittelgroße Kartoffeln, geschält und klein gewürfelt
Olivenöl extra vergine
4 Knoblauchzehen, geschält und leicht zerdrückt
200 g Pancetta oder Bacon, gewürfelt
650 g Sauerkraut
750–900 ml Gemüsebrühe
frisch gemahlener schwarzer Pfeffer
1 TL gemahlener Kümmel
40 g Mehl
Salz

Für die Brotschalen
7 g frische Hefe
250 g Mehl (Type 00 oder 405), plus etwas zum Verarbeiten
15 ml Olivenöl extra vergine
½ TL Salz

Die Bohnen zwei Tage vorher über Nacht in reichlich kaltem Wasser einweichen.

Am Vortag die Bohnen abspülen, mit einem Lorbeerblatt in einen großen Topf geben, mit 1,4 l Wasser bedecken und in etwa 1 Stunde weich kochen. Nach 40 Minuten Garzeit die Kartoffeln dazugeben.

In einem zweiten Topf 1–2 EL Olivenöl erhitzen. Zwei Knoblauchzehen kurz in dem Öl anbraten; herausnehmen. Den Pancetta in das Öl geben und kurz anbraten. Dann das Sauerkraut hinzufügen, mit 750 ml Brühe bedecken, mit Pfeffer und dem Kümmel sowie 1 Lorbeerblatt würzen. Bei geringer Temperatur 30–35 Minuten kochen, eventuell Brühe nachfüllen.

In einer Pfanne 2 EL Olivenöl erhitzen. Zwei Knoblauchzehen kurz darin anbraten. Den Knoblauch herausnehmen und das Mehl unter kräftigem Rühren in die Pfanne geben, leicht bräunen lassen und dann zu den Bohnen geben und gut unterrühren. Auch das Speck-Sauerkraut zu den Bohnen geben und 10 Minuten bei geringer Temperatur kochen, eventuell noch etwas Wasser dazugeben (die Suppe darf, wenn sie in den Brotschalen serviert werden soll, nicht zu flüssig werden). Die Lorbeerblätter entfernen. Die Suppe mit Salz und Pfeffer abschmecken und über Nacht im Kühlschrank durchziehen lassen.

Am darauffolgenden Tag für die Brotschalen die Hefe mit 10 g Mehl krümelig kneten und dann mit 50 ml Wasser verrühren, sodass sie sich auflöst. Diesen Vorteig zuerst mit dem restlichen Mehl und dann mit 100 ml lauwarmem Wasser, dem Olivenöl und dem Salz zu einem glatten Teig verkneten. Den Teig in eine Schüssel legen, mit Frischhaltefolie leicht bedecken und mit einem Küchenhandtuch abgedeckt mindestens 1 Stunde an einem warmen Ort ruhen lassen.

Den Backofen auf 200 °C vorheizen.

Den Teig erneut durchkneten und in sechs Kugeln teilen. Jede Kugel rund ausrollen, jeweils über eine umgedrehte ofenfeste, leicht eingeölte Schale legen und fest an die Form drücken; zugedeckt 15 Minuten gehen lassen. Die Schalen in den vorgeheizten Ofen stellen und den Teig in etwa 20 Minuten goldbraun backen. Die Brotschalen etwas abkühlen lassen, dann vorsichtig von den Schalen lösen und auf einem Gitter auskühlen lassen.

Die Suppe aufwärmen und in den Brotschalen servieren.

Abbinamento consigliato Hier passt am besten ein Bier.

Veneto

Von Spritz, Wasser und Liebe – als Touristin unterwegs

Hier und da
Venezia & Verona, Italia

Bacaro, polpette, Ponte di Rialto, cicchetti, Piazza San Marco, Select, gondola, Cannaregio, maschere di Carnevale, Canal Grande, Radicchio di Treviso IGP, Vialone Nano Veronese IGP, spritz, ombra, Romeo e Giulietta, tiramisù

Veneto

Als Kind war ich mit meinen Eltern in Venedig. Das ist aber so lange her, dass ich mich an nichts Genaues mehr erinnern kann, außer natürlich an die obligatorische Gondelfahrt. Seitdem war ich nie wieder hier und ich wäre wahrscheinlich auch nicht mehr hergekommen, würde ich nicht dieses Buch schreiben. Da Venedig nach Rom und Mailand die meistbesuchte italienische Stadt ist, bereite ich mich auf viele Touristen und überzogene Preise für mittelmäßige Qualität vor. Diesmal will ich niemanden besuchen, sondern reise gemeinsam mit meinem Mann, der auch nicht vorhatte, nach Venedig zu reisen, als Touristin hierher.

Nach zehn Stunden Zugfahrt steigen wir am Bahnhof Venezia Santa Lucia aus, öffnen die Bahnhofstüren nach draußen zum Vorplatz und erblicken direkt den Canal Grande. Welch ein schöner Anblick! Dann biegen wir direkt nach links in die Rio Terà Lista di Spagna ab und laufen mit unseren Rollkoffern an den vielen Souvenirläden entlang. Das ist kein schöner Anblick. Souvenirs, Souvenirs, Souvenirs und unzählige andere Touristen, die wie wir lärmend Koffer hinter sich her ziehen. Zwischen all den Souvenirs finden wir dann unser Hotel, das sich im Sestiere Cannaregio befindet. Das historische Zentrum Venedigs besteht aus sechs Stadtteilen: Cannaregio, San Marco, San Polo, Santa Croce, Castello und Dorsoduro, die sich hier *sestiere* (Einzahl) bzw. *sestieri* (Mehrzahl) nennen, was sich vom Wort *sesto* (Sechstel) ableitet. Nachdem wir eingecheckt haben, sehen wir uns unser Zimmer mit der rot gestrichenen Wand und den nachgebauten venezianischen Möbeln genau an. Dann aber packen wir schnell unsere Koffer aus und gehen wieder hinaus, um ein wenig in der Dämmerung herumzuirren. Überall glitzert es – nicht nur vom Wasser, sondern auch von den vielen Karnevalsmasken in den Schaufenstern. Etwas jedoch ist hier anders im Vergleich zu anderen touristischen Städten. Was genau, kann ich an diesem Abend nicht ausmachen. Vielleicht ist es schon der Beginn dieses merkwürdigen Zaubers, der Venedig so gerne nachgesagt wird, den ich hier spüre.

Am nächsten Tag machen wir uns direkt auf den Weg nach … wissen wir nicht. Wir laufen los, laufen Brücken hoch und wieder runter und suchen nichts. Wir schauen einfach, wo wir landen, und laufen solange herum, bis wir uns verlaufen und dennoch alles finden, was Touristen suchen: Ponte di Rialto, Piazza San Marco … Und die vielen wunderschönen *bacari* natürlich, sodass wir plötzlich anfangen, tagsüber Spritz zu trinken, irgendwo auf einer ruhigen *piazza*, trotz der kalten Jahreszeit draußen in der Sonne sitzend. Eine ungewöhnliche Entspannung macht sich breit. Und dann fällt mir auf, was hier so anders ist: kein Autolärm, generell keine Autos und überall dieses Wasser, das einen in eine ganz andere Welt schaukelt (mit den vielen Spritz zusammen). Am liebsten möchten wir für immer hier bleiben. Venedig verzaubert also jeden. Nichts an dieser Stadt erscheint mir noch touristisch, weder die Preise, noch die Qualität der Waren, und hält man sich von den Sehenswürdigkeiten fern, begegnet man weder Touristen noch tappt man in Touristenfallen.

Weil alles so schön und so verzaubert ist, fahren wir nach Verona, in die Stadt der Liebe, wo Romeo und Julia eigentlich nie existiert, und sich vielleicht auch deshalb nie gekriegt haben. Und hier fällt der ganze Zauber ab. Die Autos sind wieder da, der Spritz will einfach nicht schmecken, und der *Risotto all'Amarone* den wir »für 2« bestellen, ist mittelmäßig und reicht auch nicht, um satt zu werden. Erst beim Blick auf die Rechnung, die man uns in der Liebesstadt dann eher lieblos überreicht, verstehen wir, dass der Risotto erst »ab 2« zubereitet wird und dass der Preis »pro« Person und nicht »für 2« gilt. Und dann schnappt die Touristenfalle doch noch zu.

Bacaro, cicchetti e Spritz!

Sie sind in ganz Italien einzigartig, und auch im Veneto gibt es sie nur in Venedig. Gemeint sind die venezianischen *osterie* mit dem Namen *bacaro* oder auch *bacaréto* (Plural: *bacari*). Namensgeber ist vermutlich der Weingott Bacchus, es könnte aber auch der venezianische Begriff für Feiern *far bàcara* sein. Beides trifft auf alle Fälle zu, denn hier wird in erster Linie getrunken, und wo getrunken wird, wird in der Regel auch gefeiert. In Venedig feiert man den ganzen Tag oder zumindest kann man schon morgens beginnen mit der Bestellung eines meist im 0,1-l-Glas servierten offenen Rotweins *ombra* oder Weißweins *bianchetto*. Und weil ein leerer Magen Alkohol so früh nicht immer gut verträgt, isst man dazu eine Kleinigkeit, ein *cicchetto* bzw. *cicheto*. Chicchetti sind ebenfalls eine venezianische Erfindung, es sind kleine Happen wie die spanischen Tapas, die auch nur als Begleiter zum Wein gegessen werden. Man geht also nicht in einen *bacaro*, um *chicchetti* zu essen, sondern um Wein zu trinken und den Magen mit einigen *chicchetti*, die einzeln verkauft werden, zu besänftigen.

Das Entstehen der *bacari* ist Winzern zu verdanken, die nach Venedig kamen, sich mit ihren Weinfässern auf die Piazza San Marco stellten und ihren Wein zusammen mit einfachen, kleinen Speisen verkauften. Weil die Winzer ihren Wein vor der Sonne schützen wollten, folgten sie mit ihren Fässern dem Schatten des Glockenturms, und so entstand dann die Redewendung *bere un'ombra*, einen Schatten trinken gehen. Weil das Verfolgen des Schattens auf Dauer zu mühselig wurde, entstanden mit der Zeit immer mehr kleine Läden, in denen die Winzer ihre Weinfässer lagerten und auch weiterhin Wein und Kleinigkeiten zum Essen anboten.

Neben Wein bekommt man in den *bacari* aber auch den berühmten Spritz, den man, je nachdem wie man ihn haben will, entweder mit Aperol, Campari, Cynar oder ganz traditionell mit dem von den venezianischen Brüdern Pilla erfundenen Select mixen lassen kann. Ungeklärt ist, wer genau diesen berühmten Cocktail erfunden hat, aber man vermutet, dass seine Ursprünge aus einer Gewohnheit stationierter österreichischer Soldaten aus dem Kaisertum Österreichs herrühren. Diese haben den Alkoholgehalt des starken venezianischen Weins durch Wasser-Spritz(er) reduziert. In Südtirol wird noch heute diese österreichische Variante des Spritz mit Wein und Sprudelwasser angeboten. Und wenn man ihm einen Bitterlikör zufügt, heißt er Veneziano.

Für diejenigen, die auf unseren Pfaden wandeln wollen, hier die Liste der schönsten »Läden«, die wir besucht haben:

Trattoria »Ca' D'Oro alla Vedova«,
Sestiere Cannareggio 3912, 30121 Venezia

»Cantine del Vino già Schiavi«,
Sestiere Dorsoduro 992, 30123 Venezia

Osteria »Cantina do Spade«,
Sestiere San Polo 860, 30125 Venezia

»Cantina Do Mori«,
Sestiere San Polo 429, 30125 Venezia

Veneto

107

Lo Spritz

Der venezianische Cocktail

Für 1 Person
Zubereitungszeit 5 Minuten

Folgende Zubereitung gilt für alle Variationen auf dieser Seite:

Ein Weinglas mit Eiswürfeln füllen, dann den Wein, Sekt oder Prosecco einfüllen. Die ausgewählte *correzione* (Aperol, Select, Campari oder Cynar), dazugeben, mit Sodawasser oder Sprudel aufgießen und eine halbe Scheibe von einer unbehandelten Orange oder Zitrone oder eine grüne Olive mit Stein dazugeben. Nach Belieben mit Strohhalm servieren. Salute!

Lo spritz ufficiale

Das offizielle Rezept des IBA
(internationale Dachorganisation verschiedener nationaler Berufsverbände von Barkeepern)

6 cl (bzw. 3 Teile) Prosecco
4 cl (bzw. 2 Teile) Aperol
einen Spritzer (bzw. 1 Teil) Sodawasser oder Sprudel
½ Scheibe von 1 unbehandelten Orange

Il vero spritz veneziano

Der Spritz, den ich in Venedig bekommen habe

2 cl (bzw. 1 Teil) Bitter (Campari, Aperol oder Select)
2 cl (bzw. 1 Teil) Weißwein oder Sekt
2 cl (bzw. 1 Teil) Sodawasser oder Sprudel
1 grüne Olive
½ Scheibe von 1 unbehandelten Orange
3–6 Eiswürfel
1 Strohhalm

Cynar Spritz

Spritz mit Cynar

2 cl (bzw. 1 Teil) Cynar
2 cl (bzw. 1 Teil) Weißwein oder Prosecco
2 cl (bzw. 1 Teil) Sodawasser oder Sprudel
½ Scheibe von 1 unbehandelten Zitrone
2–6 Eiswürfel

Spritz Select

Spritz mit Select

2 cl (bzw. 1 Teil) Select
2 cl (bzw. 1 Teil) Weißwein oder Prosecco
2 cl (bzw. 1 Teil) Sodawasser oder Sprudel
½ Scheibe von 1 unbehandelten Zitrone oder
   1 grüne Olive mit Stein
2–6 Eiswürfel

Spritz alla Cettina

Die fränkisch-sizilianisch-venezianische Version

90 ml Steinmetz Secco (Perlwein aus Würzburg)
40 ml Campari
½ Scheibe von 1 unbehandelten Blutorange
   aus Sizilien (Arancia Rossa di Sicilia IGP)
1 grüne Olive mit Mandel
3 Eiswürfel

Notizia Den fränkischen Secco haben wir von unseren Vermietern geschenkt bekommen. Nach unserer Venedigreise habe ich meinen ersten Spritz damit gemixt und mein fränkischer Mann war davon begeistert! Die sizilianische Note mit Blutorange und Mandel in der Olive durfte dabei natürlich nicht fehlen.

Polpette!

Frittierte Fleischbällchen

Für 16 Stück
Zubereitungszeit 1 Stunde 20 Minuten

250 g Kartoffeln
Olivenöl extra vergine
1 EL Tomatenmark
100 g Pancetta oder Mortadella, klein geschnitten
200 g Rinderhackfleisch
2 Knoblauchzehen, geschält
10 Oliven, mit Mandeln gefüllt
1 Handvoll gehackte Petersilie
3 Eier (Größe S)
Salz | frisch gemahlener schwarzer Pfeffer
100–150 g Semmelbrösel
35–40 g Mehl
Sonnenblumenöl zum Frittieren

Die Kartoffeln in Wasser weich kochen und pellen. Etwas Olivenöl in einer Pfanne erhitzen. Das Tomatenmark und den Pancetta oder die Mortadella darin leicht anbraten. Beides zusammen mit dem Hackfleisch, den Kartoffeln, dem Knoblauch, den Oliven und der Petersilie in einen Mixer geben und mittelfein zerkleinern. Ein Ei verquirlen und löffelweise so viel dazugeben, dass die Fleischmasse geschmeidig, aber nicht zu weich wird. Sollte sie dennoch zu weich sein, wenig Semmelbrösel dazugeben. Mit Salz und Pfeffer abschmecken.

In einem Topf reichlich Sonnenblumenöl erhitzen, sodass die *polpette* mindestens bis zur Hälfte in Öl schwimmen können.

Drei Teller bereitstellen. Auf einen das Mehl, auf den zweiten die Semmelbrösel und auf den dritten zwei Eier geben und verquirlen. Mit feuchten Händen Fleischbällchen formen und zuerst im Mehl, dann im Ei und zum Schluss in den Semmelbröseln wälzen. Die Bällchen im heißen Öl goldbraun frittieren, auf Küchenpapier abtropfen lassen und warm oder kalt genießen.

Abbinamento consigliato Ein Spritz oder ein guter Hauswein

Risotto all'Amarone

Risotto mit Amarone und Gorgonzola

Für 2 Personen
Zubereitungszeit 40 Minuten

400 ml Gemüsebrühe
500 ml Amarone della Valpolicella DOCG
1 EL Olivenöl extra vergine
50 g kalte Butter
1 kleine rote Zwiebel, geschält und sehr fein gewürfelt
1 Schalotte, geschält und sehr fein gewürfelt
90 g Radicchio di Treviso IGP, in feine Streifen geschnitten
200 g Risottoreis (Vialone Nano Veronese IGP)
frisch gemahlener weißer Pfeffer
30 g Grana Padano, frisch gerieben
40 g Gorgonzola dolce
2 EL Milch

In einem Topf die Gemüsebrühe mit 400 ml Wein erwärmen und warm halten. In einem zweiten Topf 1 EL Olivenöl mit 1 EL (etwa 20 g) Butter bei mittlerer Temperatur erhitzen. Die Zwiebel und Schalotte sowie 40 g Radicchio darin anschwitzen.

Den Reis dazugeben, die Temperatur erhöhen und den Reis anrösten, bis er von Fett überzogen ist und »springt«. Den Herd wieder auf mittlere Temperatur stellen, den Reis mit einer Kelle Weinbrühe ablöschen, umrühren und warten, bis er die Flüssigkeit aufgesaugt hat, dann die nächste Kelle Brühe dazugeben. So fortfahren, bis die Hälfte der Brühe verbraucht ist, dann den restlichen Radicchio dazugeben. Weiter Flüssigkeit angießen, bis der Risotto al dente ist. Kurz bevor er perfekt ist, den restlichen Amarone dazugeben und den Risotto pfeffern und salzen.

Den Topf vom Herd nehmen, die restliche kalte Butter sowie den Grana Padano unterrühren und den Risotto zugedeckt 2–3 Minuten ruhen lassen. Den Gorgonzola in der Milch erwärmen, gut umrühren. Den Risotto auf Tellern anrichten und etwas Gorgonzolacreme über jede Portion geben.

Abbinamento consigliato Amarone della Valpolicella DOCG

Tiramisù con pere al vino rosso

Rotweinbirnen-Tiramisu

Für 2 Personen
Zubereitungszeit 55 Minuten, plus 5 Stunden Kühlzeit

Für die Birnen
2 kleine, nicht zu reife Birnen
350 ml Valpolicella DOC
70 g Zucker
2 Kardamomkapseln
2 Gewürznelken
2 Pimentkörner
1 Zimtstange

Für das Tiramisu
60 ml Sahne
40 ml Milch
50 g Zucker
Mark von ½ Vanilleschote
120 g Mascarpone
8 Löffelbiskuits
1 EL Kakaopulver

Die Birnen schälen, halbieren, den Stiel dran lassen und das Kerngehäuse entfernen. In einem Topf den Wein mit allen weiteren Zutaten mischen und aufkochen lassen. Die halbierten Birnen hineinlegen und in 10–12 Minuten weich kochen. Den Topf vom Herd nehmen und die Birnen darin abkühlen lassen. Die Birnen herausnehmen, den Topf erneut auf den Herd stellen und den Weinsud 20 Minuten einkochen lassen.

Zwei Birnenhälften in kleine Stücke schneiden.

Die Sahne mit der Milch, dem Zucker, dem Vanillemark und dem Mascarpone zu einer glatten Creme verrühren. In zwei große Gläser oder Dessertschalen etwas Mascarponecreme geben. Zwei Löffelbiskuits (eventuell müssen sie durchgebrochen werden) kurz in den etwas abgekühlten Weinsud tunken und auf die Creme legen. Mascarponecreme daraufgeben und die Hälfte der Birnenstückchen darauf verteilen. Auf die Birnen wieder zwei in Wein getunkte Biskuits legen und mit Mascarponecreme bedecken. Zum Schluss Kakaopulver darüber sieben und das Tiramisu für 5 Stunden in den Kühlschrank stellen.

Eine Birnenhälfte auf jedes Tiramisu legen und servieren.

Emilia-Romagna

Von italienischer Vereinigung und Kochbüchern – zu Besuch bei Casa Artusi

Centro di cultura gastronomica dedicato alla cucina domestica italiana
Forlimpopoli (FC), Italia

Forlimpopoli, Pellegrino Artusi, La scienza in cucina e l'arte di mangiar bene, 1891-1911, Chiesa dei Servi, Marietta Sabatini, Francesco Ruffilli, 790 ricette, piadina, cucina domestica italiana, cucina artusiana, biblioteca, museo vivo della cucina

Emilia-Romagna

Meine nächste Reise führt mich nach Forlimpopoli, der Geburtsort eines Mannes, der Italien 1891 durch ein Kochbuch vereinigt hat und den ich somit nur noch durch Erzählungen kennenlernen kann. Gemeint ist der Vater aller italienischen Kochbücher: Pellegrino Artusi. Um mehr über diesen besonderen Mann, der sich als Erster mit der wichtigsten Kultur der Italiener befasst hat, und sein berühmtes Kochbuch *La scienza in cucina e l'arte di mangiar bene* (von der Wissenschaft des Kochens und der Kunst des Genießens) zu erfahren, mache ich mich auf den Weg zur »Casa Artusi« im Zentrum von Forlimpopoli.

Auf dem Weg dorthin überquere ich die Piazza Giuseppe Garibaldi, wo die Menschen wie aus dem 16. Jahrhundert aussehen, da dort gerade ein Renaissance-Festival stattfindet. Die Vergangenheit scheint hier allgegenwärtig zu sein. Am Haus Artusi angekommen, bleibe ich stehen und betrachte das Gebäude. Die »Casa Artusi« wurde im Juni 2007 als lebendiges Museum auf 2.800 Quadratmetern im Kirchenkomplex der Chiesa dei Servi eröffnet. Da man kein klassisches Museum bauen wollte, dessen Ausstellung ein Besucher in der Regel nur einmal besichtigt, entschied man sich für ein interaktives Museum und rekonstruierte zwei für Artusi wichtige Räume: Bibliothek und Küche. Neben der Bibliothek mit dem Büchernachlass und dem Originalarbeitszimmer von Pellegrino Artusi gibt es hier auch eine Kochschule, in der die Rezepte des Buchs nachgekocht, aber auch die Hausmannskost im Allgemeinen ausprobiert werden können. Hierfür werden nicht nur namhafte Köche ins Haus geholt, auch ehrenamtlich arbeitende Frauen unterrichten die Besucher in der traditionellen Kochkunst, allen voran in der Herstellung der handgemachten Pasta und der *piadina*, dem Nationalbrot der Emilia-Romagna. Alle diese Frauen tragen den selben Namen: Marietta. Sie gehören der »Associazione delle Mariette« an, benannt nach der ersten Marietta – Marietta Sabatini, Köchin von Pellegrino Artusi. Die um 40 Jahre jüngere Köchin von Artusi war an der Entstehung und dem Erfolg des Buchs maßgeblich beteiligt. Aus diesem Grund überschrieb Artusi ihr und seinem Koch Francesco Ruffilli nach seinem Tod die Urheberrechte für das erfolgreichste Kochbuch Italiens.

Auch ich bekomme meine eigene Marietta, die im realen Leben Adele Casadio heißt und mir die Herstellung der *piadina* zeigt. Neben der Marietta Adele lerne ich noch Carla Brigliadori, die Verantwortliche der Kochschule, kennen, die jedes der 790 durchnummerierten Rezepte aus Artusis Kochbuch genau kennt. Auch Leila Tentoni, die Vizepräsidentin des Hauses, die das tragisch-traurige und dennoch erfolgreiche Leben von Pellegrino Artusi in- und auswendig kennt, stellt sich vor. Lauscht man ihren lebhaften Erzählungen, wird man in eine Welt entführt, in der die Erinnerung an Pellegrino Artusi liebevoll und voller Hochachtung am Leben gehalten wird.

Auch außerhalb der Casa Artusi lebt »zio Pellegrino« (Onkel Pellegrino, der nie verheiratet war) weiter. So kann man nicht nur im Restaurant der »Casa Artusi«, das privat geführt wird, »Nummern« bestellen, auch in Nachbarorten wie dem traumhaft schönen Bertinoro ist Pellegrino Artusi als Tischgast immer dabei. Dorthin fahre ich mit Susy Patritio Silva, der Direktorin des Hauses, und wir bestellen auf der Terrasse mit großartigem Panoramablick der »Osteria Enoteca Ca' de Bè« die Nummern 97 und 69.

Das einzige italienische Kochbuch

Als Massimo Bottura im Juni 2012 vom englischen Independent nach seinem Lieblingskochbuch gefragt wird, antwortet der in Modena geborene Sternekoch: »La scienza in cucina e l'arte di mangiar bene von Pellegrino Artusi, obwohl ich noch nie ein Gericht daraus gekocht habe. Es wurde im Jahr 1891 veröffentlicht und es war die erste Sammlung italienischer Rezepte. Veröffentlicht kurz nach der Vereinigung Italiens (1861), diente dieses Buch dazu, unser Land mehr zu vereinen als unsere Regierung dazu im Stande war. Ich besitze noch das zerfledderte Exemplar meiner Großmutter, die unter jedem ihrer Lieblingsrezepte Bleistiftnotizen hinterließ.«

Pellegrino Artusi, der am 4. August 1820 in Forlimpopoli als einziger Sohn von 13 Geschwistern geboren wurde, war kein ausgebildeter Koch, sondern entstammte einer Kaufmannsfamilie. Er übernahm den Beruf des Kaufmanns vom Vater und wurde dadurch auch zum Reisenden. Unterwegs sammelte der leidenschaftliche Feinschmecker Rezepte, um die er stets freundlich bat. Im Jahr 1851 ereignete sich einer der schlimmsten Vorfälle im Leben von Artusi und seiner Familie. Eine gefürchtete Räuberbande überfiel die reiche Familie Artusi und war so gewalttätig, dass die Familie aus Angst, dass sich dies wiederholen könnte, nach Florenz floh. Pellegrino Artusi blieb bis zu seinem Tod am 30. März 1911 in Florenz. Dort begann er dann an seinem Kochbuch zu arbeiten, zusammen mit seinen zwei Hausköchen, Marietta Sabatini und Francesco Ruffilli.

Die erste Ausgabe des Kochbuchs umfasste 475 Rezepte, mit einer Nummer als Titel. Da kein Verleger dieses Buch für wichtig oder gar erfolgversprechend hielt, brachte Artusi das Buch selbst heraus. Das Werk wurde recht bald sehr erfolgreich, und viele Damen schrieben Artusi, lobten ihn, bemängelten aber auch, dass dieses und jenes wichtige (!) Rezept fehlen würde und dringend im Buch Erwähnung finden müsste. Die Rezepte, die Artusi so per Post aus ganz Italien erhielt, nahm er in die folgenden Auflagen mit auf.

Die »Casa Artusi« bewahrt an die 1.800 Briefe und Postkarten auf und zeigt damit zugleich, was dieses Buch so außergewöhnlich macht: Es wurde nicht nur von Artusi geschrieben, sondern zugleich auch von den Italienern selbst. Zumindest von den gutbürgerlichen Italienern, die schreiben und lesen konnten. Die letzte überarbeitete Version wurde posthum im Jahr 1911 als die 15. Edition herausgebracht. Sie enthielt 790 Rezepte. Artusi, der seine Rezepte eher erzählt und mit vielen Anekdoten ausgeschmückt hat, anstatt sie einfach nur niederzuschreiben, gilt auch als der Vorreiter der modernen Kochblogs, für die Interaktion wesentlich ist. Dieses Kochbuch war das erste, das sich der Hausmannskost widmete und in italienischer Sprache verfasst wurde. Zuvor gab es nur Regionalkochbücher, verfasst in dem jeweiligen regionalen Dialekt. Und auch wenn dieses Buch außerhalb Italiens wenig bekannt ist, so ist es das wichtigste Kochbuch der Italiener – vielleicht, weil sich die Italiener mit diesem Buch am besten identifizieren können. Schließlich haben sie es ja auch geschrieben.

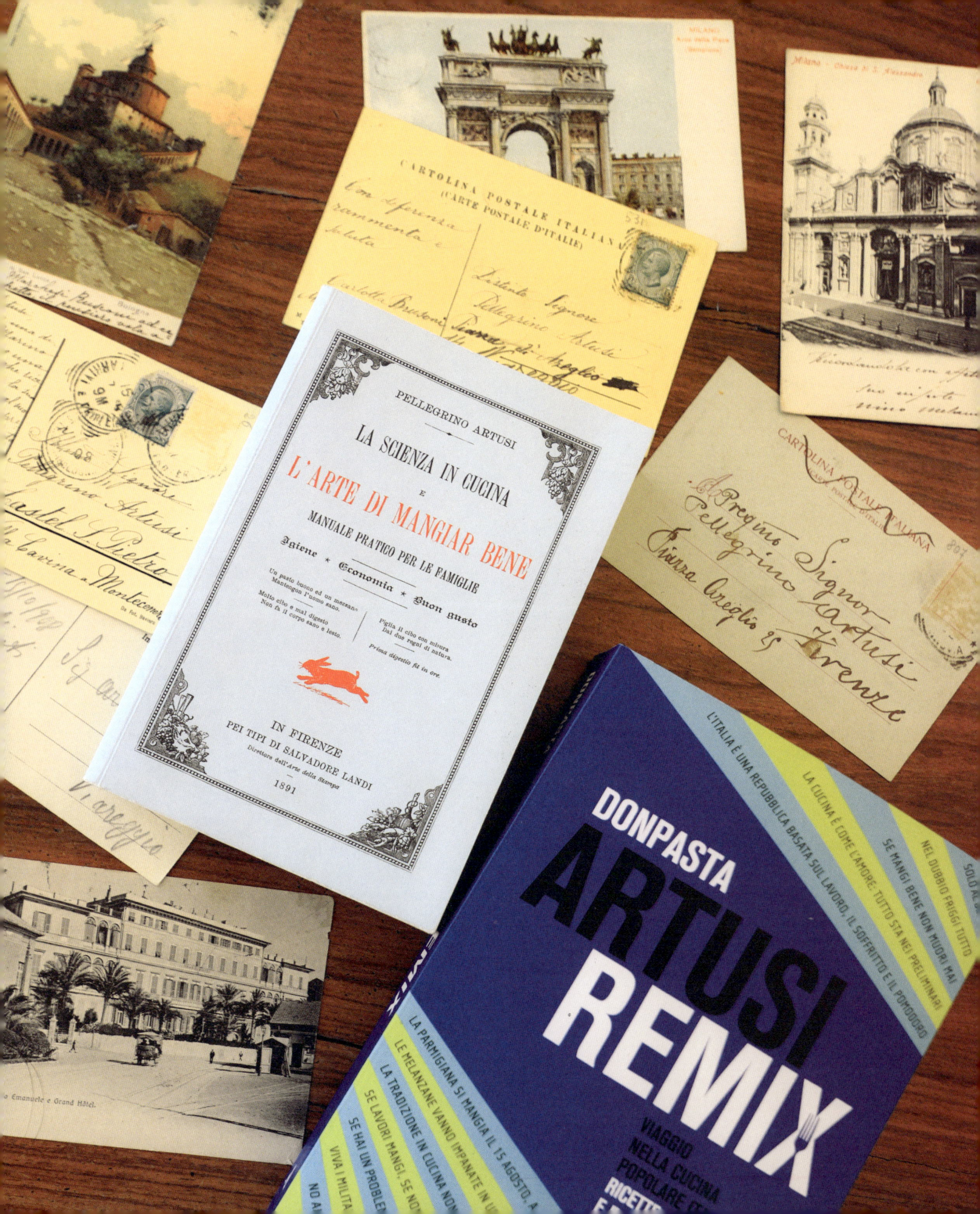

Der Dekalog der Artusi Küche

Die Küche der Italiener ändert sich, die zehn Ratschläge von Artusi bleiben jedoch konstant.

1. Ihr sollt alle natürlichen Zutaten wertschätzen
2. Verwendet qualitativ wertvolle Zutaten
3. Benutzt Zutaten, die der Jahreszeit entsprechen
4. Bleibt beim Einfachen
5. Setzt Leidenschaft ein, seid aufmerksam und präzise
6. Übt mit Geduld
7. Seid abwechslungsreich, aber mit Respekt für die regionalen Eigenheiten und die Jahreszeit
8. Wenn ihr abwechslungsreich sein wollt, tut es nach den Regeln der Einfachheit und des guten Geschmacks
9. Wertet die einfache Küche auf
10. Misstraut den Kochbüchern (auch meinem)

Tagliatelle al ragù

Tagliatelle mit Hackfleischsauce

Für 4 Personen
Zubereitungszeit 1 Stunde 20 Minuten, plus Zubereitung der Pasta

Für die Tagliatelle
300 g Mehl (Tipo 00 oder Type 405)
3 Eier

Für das *ragù*
½ Stange Sellerie, geputzt
1 Karotte, geputzt
½ weiße Zwiebel, geschält
Olivenöl extra vergine
500 g gemischtes Hackfleisch (Ochse und Schwein)
½ Glas Rotwein
750 g passierte Tomaten *(passata)*
Salz | frisch gemahlener Pfeffer

Den Pastateig für die Tagliatelle wie auf Seite 122 beschrieben zubereiten, auf ein Tuch legen und kurz bei Zimmertemperatur ruhen lassen. Dann die Teigplatte von beiden Seiten zur Mitte hin aufrollen und in 7 mm breite Streifen schneiden. Die Tagliatelle vorsichtig entrollen und in reichlich kochendem, gesalzenem Wasser in 3–4 Minuten al dente kochen, die Bissprobe machen; warm halten.

Für das *ragù* die Selleriestange, die Karotte und die halbe Zwiebel fein hacken. In einer großen Pfanne Olivenöl erhitzen und das Gemüse darin anbraten, bis es leicht gebräunt ist. Dann das Hackfleisch dazugeben und braten.

Wenn das Fleisch gut durchgebraten ist, mit Rotwein ablöschen und diesen verdampfen lassen. Anschließend die passierten Tomaten zum *ragù* geben und gut untermischen. Das *ragù* mit Salz und Pfeffer abschmecken und bei niedriger Temperatur 1 Stunde köcheln lassen. Es ist fertig, wenn das Fleisch eher trocken aussieht, eine orange-rote Farbe hat und würzig schmeckt. Die Tagliatelle mit dem *ragù* servieren.

No. 69

Tagliatelle mit Prosciutto

Für 4 Personen
Zubereitungszeit 25 Minuten, plus Zubereitung der Pasta

Für die Tagliatelle
300 g Mehl (Tipo 00 oder Type 405)
3 Eier

Für die Sauce
1 dicke Scheibe gekochter Schinken mit Fettrand (etwa 300 g)
300 g Stangensellerie, geputzt
300 g Karotten, geputzt
1 EL Butter
250 g Tomatensauce oder 5 EL Tomatenmark
Parmesan, frisch gerieben, zum Servieren

Den Pastateig für die Tagliatelle wie auf Seite 122 beschrieben zubereiten, auf ein Tuch legen und kurz bei Zimmertemperatur ruhen lassen. Dann die Teigplatte von beiden Seiten zur Mitte hin aufrollen und in 7 mm breite Streifen schneiden. Die Tagliatelle vorsichtig entrollen und in reichlich kochendem, nur leicht gesalzenem Wasser in 3–4 Minuten al dente kochen, die Bissprobe machen; warm halten.

Den Schinken in kleine Würfel schneiden. Sellerie und Karotten fein würfeln. Es sollen ungefähr genauso viele Gemüse- wie Schinkenwürfel sein. In einer großen Pfanne die Butter zerlassen und Gemüse und Schinken darin anbraten. Wenn die Mischung Farbe angenommen hat, die Tomatensauce oder das Tomatenmark dazugeben. Wenn Tomatenmark verwendet wird, muss noch etwas Brühe, oder, falls nicht vorhanden, Wasser dazugegeben werden und entsprechend abgeschmeckt werden.

Die Sauce mit den Tagliatelle und frisch geriebenem Parmesan servieren.

Notizia Man kann statt des Schinkens auch Salsicce verwenden. Diese Würste gut zerkleinern und wie den Schinken zusammen mit den Gemüsewürfeln anbraten.

Wer den Geschmack von roher Butter mag, sollte Wurst oder Schinken und Gemüse nur in der Hälfte davon anbraten und den Rest Butter erst ganz zum Schluss zur Sauce geben. Zu der Salsiccia-Variante schmecken auch sehr gut Spaghetti.

No. 694

Latteruolo

Für 4 Personen
Zubereitungszeit 1 Stunde 30 Minuten,
plus 40 Minuten Backzeit

1 Vanilleschote
1 l Milch
100 g Zucker
8 Eigelb
2 Eiweiß

Die Vanilleschote der Länge nach aufschlitzen und das Mark herausschaben. Beides mit dem Zucker und der Milch in einen Topf geben, aufkochen und unter Rühren bei geringer Temperatur einkochen lassen, bis nur noch etwa die Hälfte der Milch übrig ist. Die Vanilleschote entfernen und die Milch abkühlen lassen.

Den Backofen auf 160 °C vorheizen. Eine große Puddingform oder vier Portionsförmchen einfetten.

Das Eigelb schaumig schlagen. Die Milch vorsichtig einrühren. Das Eiweiß zu sehr festem Eischnee schlagen und unter die Eigelb-Milch-Masse heben.

Die Eiermasse in die Form oder Förmchen füllen. Die Form verschließen oder die Portionsförmchen mit Alufolie abdecken. Den Milchpudding im Ofen etwa 40 Minuten backen. Herausnehmen, auskühlen lassen und aus der Form stürzen.

Notizia Latteruolo ist eine sehr feine Süßspeise, die Bauern an manchen Orten der Romagna und vielleicht auch anderswo in Italien den Landbesitzern als Geschenk zum Fronleichnams-Fest mitbringen.

Pasta fresca all'uovo fatta a mano

Pastateig

Für 4 Personen
Zubereitungszeit 30–40 Minuten,
plus 15–20 Minuten Ruhezeit

300 g Mehl (Tipo 00 oder Type 405)
3 Eier

Das Mehl auf die Arbeitsplatte häufen, in der Mitte eine Mulde bilden und die Eier darin aufschlagen. Die Eier mit den Fingern verquirlen und mit etwas Mehl aus der Mulde verkneten. Dann das Mehl mit den Händen von außen nach innen einarbeiten, bis eine homogenen Masse entsteht, das dauert etwa 10 Minuten. Den Teig zu einer Kugel formen, in Frischhaltefolie oder ein Tuch wickeln und 15–20 Minuten bei Zimmertemperatur ruhen lassen.

Den Teig erneut ein paar Minuten durchkneten. Etwas Mehl unter und auf den Teig streuen, ein langes Nudelholz ohne Griffe mittig darauflegen und dann mit Druck vor- und rückwärts bewegen. Dies zweimal wiederholen. Den Teig dann um ein Viertel drehen und die Bewegung wiederholen – so wird er rund ausgerollt. Je größer der Kreis wird, je weiter wandern die Hände auf dem Nudelholz nach außen. Nun den oberen Abschnitt des Teigs um das Nudelholz rollen und den Teig zu sich hin rollen. Dabei die Hände mit Druck erst mittig auf das Nudelholz legen und diese entsprechend der Teigbreite an die Ränder wandern lassen. Diesen Teil nennt man *tirare la pasta* die Pasta auszuziehen.

Solange wiederholen, bis die gewünschte Teigdicke erreicht ist. In der Regel ist sie bei gefüllter Pasta wie Cappelletti, Ravioli oder Tortellini dünner und bei einfacher Pasta wie Tagliatelle, Tagliolini oder Maltagliati etwas dicker.

Notizia Ob man wirklich 100 g Mehl pro 1 Ei benötigt, hängt von der Größe des Eis ab. Deshalb knetet man erst 80–90 g Mehl unter und verwendet das restliche Mehl nur, wenn der Teig es verlangt.

No. 71 con salsa No. 104

Tagliatelle mit rustikaler Tomatensauce

Für 4 Personen
Zubereitungszeit 20 Minuten, plus Zubereitung der Pasta

Für die Tagliatelle
300 g Mehl (Tipo 00 oder Type 405)
3 Eier

Für die *salsa rustica*
2 Knoblauchzehen, geschält
je 50 g glatte Petersilie und Basilikum
Olivenöl extra vergine
8 reife Tomaten, gewürfelt
Salz | frisch gemahlener schwarzer Pfeffer
100 g Parmigiano Reggiano DOP, frisch gerieben

Den Pastateig für die Tagliatelle wie auf Seite 122 beschrieben zubereiten, auf ein Tuch legen und kurz ruhen lassen. Dann die Teigplatte von beiden Seiten zur Mitte hin aufrollen und in 7 mm breite Streifen schneiden. Die Tagliatelle vorsichtig entrollen und in reichlich kochendem, gesalzenem Wasser in 3–4 Minuten al dente kochen, die Bissprobe machen; warm halten.

Für die *salsa rustica* Knoblauch, Petersilie und Basilikum klein hacken und in einer großen Pfanne mit etwas Olivenöl erhitzen. Wenn der Knoblauch beginnt, Farbe anzunehmen, die Tomaten mit etwas Salz und Pfeffer dazugeben und leicht einkochen lassen. Die Tagliatelle hinzufügen und gut mit der Sauce vermischen. Auf Tellern anrichten, mit Parmesan bestreuen und sofort servieren.

Notizia Auf dem schwarzen Brett in der Industrie- und Handelskammer in Bologna findet man die goldenen Maße einer Tagliatella: Sie soll roh 7 mm und gekocht 8 mm breit sein. Die Dicke ist nicht festgelegt, sollte aber bei 0,6–0,8 mm liegen.

Abbinamento consigliato Sangiovese Superiore Romagna DOC (aus der Gegend um Bertinoro)

No. 55

Mit Ricotta gefüllte Tortelli

Für 4 Personen
Zubereitungszeit 20 Minuten, plus Zubereitung der Pasta

Für die Füllung
700 g Ricotta oder Raviggiolo (Presidio Slow Food)
150 g Parmigiano Reggiano DOP, frisch gerieben
1 Ei | 1 Eigelb
50 g glatte Petersilie, gehackt
Salz | Muskatnuss, frisch gerieben
Kräuter nach Wahl, gehackt

Für die Tortelli
300 g Mehl (Tipo 00 oder Type 405)
3 Eier

Für die Sauce
125 g Butter
200 g Parmigiano Reggiano DOP, frisch gerieben

Alle Zutaten für die Füllung miteinander vermischen und mit Salz, Muskatnuss und den Kräutern nach Wahl abschmecken.

Den Teig für die Tortelli wie auf Seite 122 beschrieben zubereiten und Kreise von 7–8 cm Durchmesser ausstechen (Artusi bevorzugte die runde vor der rechteckigen Form). Auf eine Hälfte jedes Kreises 1 gehäuften TL Füllung geben, die Kreise zu Halbmonden falten und die Ränder leicht zusammendrücken. Man kann sie so lassen oder biegt sie zusätzlich wie einen Tortellino zusammen. Die Tortelli in reichlich kochendem, gesalzenem Wasser in 3–4 Minuten gar kochen. Wenn sie nach oben steigen, sind sie fertig. Mit einer Schaumkelle herausheben, abtropfen lassen, anrichten und warmhalten.

In einer Pfanne die Butter schmelzen und über die Tortelli geben. Mit Parmesan bestreuen und sofort servieren.

Abbinamento consigliato Colli Bolognesi Classico Pignoletto DOCG

Piadina romagnola

Fladenbrot aus der Emilia-Romagna

Für 5 Fladen
Zubereitungszeit 1 Stunde, plus Ruhezeit

500 g Weichweizenmehl aus der Emilia-Romagna Tipo 1 (ersatzweise Type 550)
8 g Salz (vorzugsweise *sale dolce di Cervia*)
3 g Natron oder 10 g Trockenhefe
70 g Schweineschmalz (vorzugsweise aus Mora Romagnola; Presidio Slow Food) oder 3–4 EL Olivenöl extra vergine

Das Mehl auf die Arbeitsplatte häufen, in der Mitte eine Mulde bilden und das Salz, das Natron oder die Hefe, das Schweineschmalz oder das Öl und 250–300 ml lauwarmes Wasser hineingeben. Mit den Fingern das Wasser mit dem Fett und etwas Mehl aus dem Inneren der Mulde verkneten, dann mit den Handflächen alles von außen nach innen so lange kneten, bis sich ein homogener Teig bildet. Den Teig mit einem Tuch gut abdecken und bei Zimmertemperatur 10 Minuten ruhen lassen.

120 g Teig entnehmen und zu einer Kugel formen. Etwas Mehl unter und auf die Teigkugel geben und das Nudelholz mittig darauflegen. Mit Druck nun das Nudelholz vor- und rückwärts bewegen und dies zweimal wiederholen. Den Teig dann um ein Viertel drehen und die Bewegung wiederholen. So wird der Teig rund ausgerollt. Die Bewegung kommt aus den Schultern, nicht aus dem Rücken. Je breiter der Teig wird, je weiter wandern die Hände auf dem Nudelholz nach außen.

Die *piadina* sobald sie die gewünschte Dicke erreicht hat auf die heiße Tonplatte oder den Pizzastein legen, mit einer Gabel mehrmals einstechen und von jeder Seite 3–5 Minuten backen.

Notizia Die *piadina* findet man nicht im Buch von Pellegrino Artusi, weil sie als zu einfach für die bürgerliche Küche galt.

No. 675

Zuppa inglese

Für 6 Personen
Zubereitungszeit 35 Minuten, plus Abkühlzeit

1 l Milch | 6 Eigelb
150 g Zucker | 1 Msp. gemahlene Vanille
100 g Mehl (Tipo 00 oder Type 405)
150 g Konfitüre nach Wahl, beispielsweise Aprikose, Pfirsich oder Quitte
18 Löffelbiskuits | 150–200 ml Alchermes
Obst nach Wahl (nach Belieben)

Die Milch in einem Topf erwärmen. Das Eigelb mit dem Zucker und der Vanille schaumig schlagen. Das Mehl nach und nach darüber sieben und unterrühren. Die Milch in dünnem Strahl dazugießen und unterrühren. Dann alles zurück in den Topf gießen und die Creme bei mittlerer Temperatur unter Rühren etwas eindicken lassen. Vom Herd nehmen, in eine Schüssel füllen und abkühlen lassen.

Etwas Konfitüre auf dem Boden von sechs Dessertschalen verteilen. Etwas Creme darüber geben, darauf ein bis zwei Löffelbiskuits legen und diese mit Alchermes beträufeln. Diesen Vorgang wiederholen, bis die Zutaten verbraucht sind. Mit Creme abschließen und Alchermes darüber träufeln. Wer mag, kann Obst, passend zur Konfitüre, dazu servieren.

Notizia »In der Toskana – aufgrund des Klimas und aber auch, weil sie ihren Magen daran gewöhnt haben – gibt man allen Speisen den Charakter von Leichtigkeit und überall, wo es möglich ist, eine Dünnflüssigkeit. Die Cremes werden sehr flüssig hergestellt, ohne Stärke oder Mehl, und sie haben die Angewohnheit diese dann in Kaffeetassen zu servieren. Auf diese Weise zubereitet wird sie in der Tat sehr delikat, aber sie wirkt nicht wie eine Zuppa inglese und sieht dabei auch nicht mal schön aus. Deshalb hier das Rezept für eine *crema pasticcera*, so nennen sie die Köche, um sie von der ohne Mehl zu unterscheiden.« *Pellegrino Artusi*

Abbinamento consigliato Romagna Albana DOCG, passito

Emilia-Romagna

Toscana

Von großen Holztischen und Trattorien – zu Besuch bei Cristina & Paolo

Le Bindi | Bottega di cuoco
Monte San Savino (AR), Italia

Arezzo, Monte San Savino, Bottega di Cuoco, tavolo di legno, famigliare, Paolo, antiquario, sorelle le Bindi, trattoria, cucina casalinga, i maremmani, sogno dei turisti stranieri, arte, Leonardo da Vinci, Chianti, Cantucci, Siena, Firenze

Als ich in Monte San Savino aussteige, steht Paolo schon am Bahnsteig. Die Freunde Paolo Traversari und Cristina Bindi führen die kleine Trattoria »Le Bindi. Bottega di cuoco« im historischen Zentrum von Monte San Savino. Das besondere an ihrer Trattoria ist, dass darin anstelle von mehreren kleinen ein großer Holztisch steht, um den herum bis zu 20 Gäste Platz finden. Ein romantisches Dinner for two ist hier schier unmöglich. Wenn man aber allein kommt, hat man umgehend 19 neue Bekannte. Der große Holztisch, an dem die ganze Großfamilie gemeinsam stundenlang isst, ist wohl auch das Sinnbild vieler Nicht-Italiener für das Leben in Italien. Und wenn dieser große Holztisch dann auch noch in der Toskana steht, der Traumregion vieler Italien-Liebhaber, dann lässt sich schon von paradiesischen Zuständen reden.

Die Idee mit diesem einzigen großen Holztisch in der Mitte des Raums hatte Cristinas Vater. Er heißt auch Paolo und eröffnete die Trattoria im Jahr 2006. Er machte alles allein: Küche, Service, Einkauf. Dabei ist er von Beruf gar nicht Koch, sondern Antiquitätenhändler. Aber es war sein größter Wunsch, diese Trattoria zu führen, die vorher, weil er allein war »Dal Bindi« hieß. Die Leidenschaft trieb ihn einfach an. Als er dann schließlich aus Altersgründen die Arbeit nicht mehr bewältigen konnte, bat er seine Tochter Cristina, die Trattoria am Leben zu erhalten. Sie nahm die Herausforderung an, der Name der Trattoria wurde geändert in »Le Bindi«, was für die Töchter von Paolo steht. Aber nur Cristina führt die Trattoria mit ihrem Freund Paolo, der Grafiker ist, weiter. Cristina ist gelernte Köchin und hatte zuvor ein Lokal in Arezzo – das war ein Pub mit bayrischen Speisen. Bayern ist für viele Touristen, die Deutschland besuchen, das, was die Toskana für Italien ist. »Komisch, dass die Toskana so beliebt ist«, sagt Cristina, »die *maremmani* sind eigentlich total abweisend. Die wollen in ihrer Heimat niemanden haben, nicht mal uns.« Mit »uns« meint sie alle Italiener, auch die anderen *toscani*, die nicht aus der Maremma kommen. Aber an den Strand gehen die meisten Toskana-Touristen ohnehin eher selten. Siena, Florenz und ein Haus in der Toskana, das sind viel mehr die Gründe, weshalb viele hierher kommen. Und natürlich die Vision von dem großen Holztisch mit der Großfamilie drumherum. Diesen Traum kann man sich in der Trattoria »Le Bindi« erfüllen. Man darf nur nicht vergessen, vorher einen Platz zu reservieren. Denn viele möchten am Tisch der Großfamilie sitzen und in Gesellschaft essen und trinken.

Gleich geht es los. Ich sitze schon an meinem Platz des großen Holztischs. Nach und nach kommen die weiteren Gäste. Diesmal sind es aber keine Einzelpersonen, die eintrudeln, sondern heute feiert hier eine Gruppe von Ärzten und Krankenschwestern. Alle kennen sich schon, ich kenne niemanden. Sie grüßen mich freundlich, und ich grüße freundlich zurück (und heimlich fragen sie sich: Wer ist das? Warum sitzt sie da? Hat die neu bei uns angefangen?) Die Situation ist etwas befremdlich.

Aber umso mehr Teller gereicht und umso mehr Getränke getrunken werden, umso mehr weiß keiner mehr, wer hier noch Arzt, Ärztin, Pfleger, Krankenschwester oder nichts davon ist. Es geht um das Zusammensitzen und vor allem um das Genießen. Was es heute eigentlich zu Essen gibt, weiß kaum einer genau. Es wird einfach ununterbrochen etwas serviert. So als wäre man Gast bei jemandem privat zu Hause. Aber genau das ist der Charakter einer Trattoria wie »Le Bindi« und genau darin unterscheidet sie sich von einem Ristorante.

Trattoria, Osteria, Ristorante ...

Die Bezeichnung Trattoria ist, im Gegensatz zum *ristorante*, eine typisch italienische Erfindung. In einer Trattoria sollte sich der Gast wie bei *mamma* fühlen. Da weiß man auch nicht, was auf den Teller kommt. Denn eine Speisekarte wird man vergeblich suchen. Meist wechselt das Menü, das der Besitzer stets mündlich vorträgt, täglich. Und oft hat man auch keine Wahlmöglichkeit. Doch egal, was auf den Tisch kommt, es schmeckt immer – und der Fernseher läuft auch immer. In einer Trattoria wird regionale Hausmannskost serviert, und Köche und Bedienung sind oft miteinander verwandt. Die Einrichtung wird schlicht und einfach wie das Essen selbst gehalten, was nicht bedeutet, dass das Essen dann dementsprechend schmeckt. Im Gegenteil: Bescheiden ist nur der Preis auf der Rechnung, denn in einer Trattoria isst man in der Regel gut und günstig und oft sogar sehr gut und dafür zu günstig. Zumindest war das mal so, aber mittlerweile wird dieser Begriff genauso wie die Bezeichnung Osteria zunehmend für Luxusrestaurants verwendet. Vor allem im Ausland sind diese Begriffe beliebter als das Wort Restaurant geworden.

Stätten, in denen Essen angeboten wurde, gab es schon zu Römerzeiten – damals hießen sie *thermopolium* –, so kam die Bezeichnung *restaurant* erst im 18. Jahrhundert in Frankreich auf. In einem *ristorante* gibt es im Unterschied zu einer Trattoria eine Karte, aus der man wählen kann. Bedienung und Köche sind in der Regel nicht miteinander verwandt, sodass hier die familiäre Atmosphäre nicht im Vordergrund steht. Die Preise sind höher, der Service ist geschult. Gemein ist beiden, dass in ihnen keine Pizza serviert wird, dafür sind die Pizzerien zuständig (was sich mit der Zeit auch verändert hat). Während ein Restaurant neben *pranzo* auch *cena* (Mittag- und Abendessen) anbietet, hat eine Trattoria abends meistens geschlossen.

Eine Osteria bot Essen ursprünglich eigentlich nur als Beiwerk an und öffnete am liebsten erst abends. In erster Linie war sie eine Wirtschaft, in der es um Wein, Weib und Gesang ging. Dementsprechend war auch das Publikum dort. Die Osteria war der Treffpunkt der Männer, der Pilger, der Seefahrer, der Soldaten, der Vagabunden, der Säufer und der Unterwelt. Die einzigen Frauen, die man dort finden konnte, hingen entweder in erotischer Pose eingerahmt an den Wänden oder verkauften sich für ein paar Stunden. Eine Osteria bot auch preiswerte Zimmer an. Preiswert war hier einfach alles – auch das Essen, das nicht erwähnenswert war. Es waren ganz einfache Mahlzeiten. Die Stimmung in den Osterie aber war alles andere als schlicht, und das zog selbstverständlich viele Künstler an, die sich von diesen Orten inspirieren und diese dann in ihre Werke einfließen ließen. Die Osteria ist sozusagen das älteste Wirtshaus, das es gibt. Zu Römerzeiten hieß sie *enopolium*. Heutzutage sind Osterien aber meist sehr gute Trattorien – und zuweilen sogar überteuerte Luxusrestaurants. Wer nach einer Weinbar sucht, geht am besten in eine Enoteca. Nach dem wilden Leben wie damals in den Osterien sucht man jedoch auch dort vergeblich.

Stufato della vendemmia con uva e pomodori

Crostini mit Trauben, Tomaten und Mohn
von »Le Bindi. Bottega di cuoco«

Für 4 Personen
Zubereitungszeit 20 Minuten

1 Stange Lauch
1 Karotte, geputzt
1 Stange Staudensellerie, geputzt
Salz
1 große Rispe weiße Weintrauben, entrappt
300 g halbreife Tomaten, in Stücke geschnitten
frisch gemahlener schwarzer Pfeffer
geröstetes dunkles Brot
Olivenöl extra vergine
Mohnsamen

Den Lauch sorgfältig waschen und den weißen Teil in Scheiben schneiden. Karotte und Staudensellerie grob hacken. Alles in einen Topf geben, salzen und zugedeckt 5 Minuten garen.

Die Weintrauben und die in Stücke geschnittenen Tomaten dazugeben und bei hoher Temperatur 15 Minuten schmoren, sodass die Flüssigkeit der Tomaten verdampft. Mit Salz und Pfeffer abschmecken.

Die Mischung auf geröstetes Brot geben, mit einigen Mohnsamen bestreuen, mit etwas Olivenöl beträufeln und servieren.

Abbinamento consigliato Vino Rosato »Solajo« von Piè di Colle – Civitella in Val di Chiana (Arezzo)

Maiale »ubriaco« all'uva

Schweinefleisch mit Trauben
von »Le Bindi. Bottega di cuoco«

Für 4 Personen
Zubereitungszeit 1 Stunde, plus 2 Tage für den Traubenmost

2 Rispen rote Weintrauben, entrappt
2 Schweinefilets à etwa 500 g
Salz
frisch gemahlener schwarzer Pfeffer
1 EL wilde Fenchelblüten (ersatzweise 1 TL Fenchelsamen)
Olivenöl extra vergine
1 Knoblauchzehe
1 Bund Salbei
1 Bund Rosmarin

Für den Traubenmost zwei Tage vor der Zubereitung die Hälfte der Trauben pürieren, filtern und zum Fermentieren für zwei Tage zugedeckt in den Kühlschrank stellen. Den Traubenmost 1 Stunde vor Gebrauch aus dem Kühlschrank holen.

Den Backofen auf 190 °C vorheizen.

Die Schweinefilets mit Salz, Pfeffer und Fenchelblüten würzen und in eine eingeölte Backofenform legen. Die ungeschälte Knoblauchzehe dazugeben und das Fleisch für etwa 10 Minuten in den Ofen stellen, bis es angebraten ist. Dann die Hälfte des Traubenmosts sowie den Salbei und Rosmarin dazugeben, die Ofentemperatur auf 160 °C reduzieren, und die Filets im Ofen weitere 30 Minuten garen, dabei nach und nach weiteren Traubenmost dazugießen. Die Schweinefilets dürfen nicht trocken werden.

Nach den 30 Minuten Garzeit die restlichen Weintrauben dazugeben und alles weitere 30 Minuten schmoren. Die Schweinefilets aus dem Ofen nehmen, in Scheiben schneiden und mit den geschmorten Weintrauben servieren.

Abbinamento consigliato Vino Nobile di Montepulciano von Le Berne, Loc. Cervognano – Montepulciano (Siena)

Cantucci toscani

Mandelgebäck aus der Toscana
von »Le Bindi. Bottega di cuoco«

Für 4 Personen
Zubereitungszeit 45 Minuten

200 g Mehl (Tipo 0 oder Type 550)
150 g Mandelkerne
100 g Zucker
½ Päckchen Backpulver
1 Prise Salz
2 Eigelb
1 Ei
1 Eigelb zum Bestreichen

Den Backofen auf 180 °C vorheizen.

Das Mehl auf die Arbeitsplatte häufen, in der Mitte eine Mulde bilden, alle weiteren Zutaten in die Mulde geben und alles so lange gut miteinander verkneten, bis ein kompakter Teig entsteht. Den Teig zu langen Strängen mit einem Durchmesser von 3–5 cm rollen und auf ein mit Backpapier ausgelegtes Backblech legen. Mit dem Eigelb bestreichen und 15 Minuten backen.

Die Teigrollen aus dem Ofen holen und in 1,5 cm dicke Scheiben schneiden. Den Ofen auf 160 °C stellen und die *cantucci* erneut 10 Minuten backen.

Das Mandelgebäck aus dem Ofen nehmen, abkühlen lassen und in dicht schließenden Keksdosen aufbewahren.

Abbinamento consigliato Vinsanto von der Fattoria Santa Vittoria in Pozzo della Chiana (Arezzo)

Schiacciata con l'uva (Pan dolce toscano)

Süßes Brot mit Trauben
von »Le Bindi. Bottega di cuoco«

Für 1 Backblech
Zubereitungszeit 1 Stunde, plus 8 Stunden Ruhezeit

Für den Fladen
10 g frische Hefe | 500 g Mehl (Tipo 0 oder Type 550)
1 TL Zucker | 1 Prise Salz

Für den Belag
700 g *uva cannaiola* (Weintrauben aus Chianti)
    oder uva fragola oder andere Trauben nach Wahl
6 EL Zucker | 6 EL Olivenöl extra vergine

Die Hefe in einer Schüssel in 100 ml lauwarmem Wasser auflösen und mit 150 g Mehl und dem Zucker vermischen. Die Schüssel mit Frischhaltefolie abdecken und den Teig bei Zimmertemperatur 1 Stunde gehen lassen. Das restliche Mehl und das Salz dazugeben und alles verkneten, bis ein weicher Teig entsteht, der sich von der Schüsselwand löst. Den Teig mit Mehl bestauben und zugedeckt etwa 4 Stunden gehen lassen.

Den Teig halbieren. Eine Hälfte dünn ausrollen, auf ein Backblech legen und mit den Fingerspitzen so auseinanderziehen, dass das Blech bedeckt ist. Mit der Hälfte der Trauben belegen, mit 3 EL Zucker bestreuen und mit 3 EL Olivenöl beträufeln. Die andere Teighälfte auf Blechgröße ausrollen, auf die erste legen und mit den Fingern andrücken. Mit den restlichen Trauben belegen und erneut 3 Stunden gehen lassen.

Den Ofen auf 180 °C vorheizen. Die *schiacciata* mit dem restlichen Zucker bestreuen, mit dem restlichen Olivenöl beträufeln und 40 Minuten im Ofen backen.

Notizia Diese *schiacciata* wird wie ein *dolce* gegessen, aber auch zu Salzigem – wie in der Toskana traditionell üblich. Die Trauben dürfen nicht entkernt werden.

Toscana

141

La Torta della nonna

Kuchen mit Konditorcreme und Pinienkernen

Für einen Kuchen mit 24 cm Durchmesser
Zubereitungszeit 45 Minuten, plus 1 Stunde Ruhezeit, plus 42 Minuten Backzeit

Für den Mürbeteig
300 g Mehl (Tipo 00 oder Type 405), plus etwas zum Arbeiten
1 Prise Salz
150 g kalte Butter, in Stücke geschnitten
1 Ei
100 g Zucker
abgeriebene Schale von ½ unbehandelten Zitrone
1 Päckchen Vanillezucker

Für die Füllung
1 Vanilleschote
200 ml Sahne
500 ml Milch
2 Eier
3 Eigelb
140 g Zucker
abgeriebene Schale von 1 unbehandelten Zitrone
1 Prise Salz
70 g Mehl (Tipo 00 oder Type 405)

Zum Bestreichen und Bestreuen
1 Eiweiß
50 g Pinienkerne
Puderzucker

Für den Mürbeteig das Mehl mit dem Salz mischen und mit der Butter verkneten. Das Ei mit dem Zucker, der Zitronenschale und dem Vanillezucker vermischen, dazugeben und alles zu einem glatten Teig kneten. Den Teig in Frischhaltefolie wickeln und für 1 Stunde in den Kühlschrank legen.

Für die Füllung die Vanilleschote längs aufschlitzen und das Mark herausschaben. Die Sahne mit der Milch, der Vanilleschote und dem -mark erhitzen. Vom Herd nehmen und zugedeckt einige Minuten ziehen lassen. Die Vanilleschote entfernen. Die Eier und das Eigelb mit dem Zucker schaumig schlagen, die Zitronenschale und das Salz unterrühren. Das Mehl nach und nach darübersieben und gut unterrühren.

Die Milch unter Rühren in dünnem Strahl dazugießen. Dann alles erneut in den Topf geben und bei mittlerer Temperatur unter Rühren eindicken lassen. Die Creme in eine Schüssel füllen, Frischhaltefolie darauflegen und die Creme abkühlen lassen.

Den Ofen auf 180 °C vorheizen.

Ein Drittel des Teigs entnehmen und zur Seite stellen. Den restlichen Teig auf der bemehlten Arbeitsfläche ausrollen und die Kuchenform samt Rand damit auskleiden. Den Teig mit Backpapier abdecken, mit Backlinsen beschweren und 12 Minuten blindbacken.

Die Form aus dem Ofen nehmen, die Linsen und das Papier entfernen und den Teig kurz abkühlen lassen.

Die abgekühlte Creme auf dem Teigboden verteilen. Mit dem restlichen Teig einen Deckel für den Kuchen ausrollen, auf die Creme legen und an den Seiten festdrücken. Mit einer Gabel mehrmals einstechen und mit Eiweiß einpinseln. Die Pinienkerne darauf verteilen und den Kuchen 30 Minuten backen. Herausnehmen, abkühlen lassen, mit Puderzucker bestauben und servieren.

Minestrone

Gemüsesuppe

Für 4 Personen
Zubereitungszeit 50 Minuten

2 Kartoffeln, geschält
2 Karotten, geputzt
100 g grüne Bohnen
150 g grüne Erbsen, gepalt
150 g Dicke Bohnen, gepalt
einige Blätter Kohl und Mangold
1 Stange Staudensellerie
2 Zucchini
30 g Pilze
3 EL Olivenöl extra vergine, plus etwas zum Beträufeln
1 Zwiebel, geschält und gewürfelt
1 Knoblauchzehe, geschält und gewürfelt
2 l Gemüsebrühe
2 EL Tomatenmark
200 g weiße Bohnen, gegart
200 g Hartweizenpasta für Suppe
2 Tomaten, enthäutet und gewürfelt
Salz | 50 g Parmesan, frisch gerieben

Die Kartoffeln und Karotten würfeln. Das übrige Gemüse, falls nötig, in mundgerechte Stücke zerteilen. Die Pilze putzen und in Scheiben schneiden.

Das Olivenöl in einem großen Topf erhitzen. Die Zwiebel darin glasig schwitzen. Den Knoblauch und das restliche Gemüse außer den weißen Bohnen und Tomaten hinzufügen und unter Rühren anschwitzen. Die Brühe und das Tomatenmark zufügen. Die weißen Bohnen unterrühren. Die Suppe bei hoher Temperatur zum Kochen bringen, dann bei reduzierter Temperatur 20 Minuten köcheln lassen.

Die Pasta dazugeben und nach Packungsangabe köcheln lassen, bis sie al dente sind. Dann die Tomaten zufügen. Die Minestrone umrühren, mit Salz abschmecken und mit geriebenem Parmesan und einem Schuss Olivenöl servieren.

Panzanella

Toskanischer Tomaten-Brot-Salat

Für 6 Personen
Zubereitungszeit 20 Minuten, plus 25 Minuten Backzeit

150 g altbackenes Brot vom Vortag, ohne Kruste
1 Bund Basilikum
900 g verschiedene reife Tomaten, geviertelt
1 rote Zwiebel, geschält und fein gewürfelt
2 Knoblauchzehen, geschält und sehr fein gehackt
3 EL Balsamicoessig
3 EL Olivenöl extra vergine
Meersalz
frisch gemahlener schwarzer Pfeffer

Den Backofen auf 170 °C vorheizen. Das Brot in mundgerechte Stücke oder Würfel schneiden und in etwa 25 Minuten im Ofen knusprig rösten. Aus dem Ofen nehmen und abkühlen lassen.

Das Basilikum waschen und abtropfen lassen. Die Blätter abzupfen, grob zerpflücken und mit den Tomaten, der Zwiebel, dem Knoblauch, dem Essig und dem Olivenöl in eine große Schüssel geben. Den Salat mit Salz und Pfeffer abschmecken, das geröstete Brot dazugeben, untermengen und sofort servieren.

Zabaglione

Weinschaumcreme

Für 4 Personen
Zubereitungszeit 15 Minuten

6 Eigelb
150 g Zucker
125 ml Süßwein (beispielsweise Marsala,
 Vin Santo oder Moscato)

Das Eigelb und den Zucker in eine Schüssel mit gewölbtem Boden geben und schaumig aufschlagen, bis die Masse hellgelb ist. Die Schüssel auf einen Topf mit siedendem Wasser stellen, sie darf das Wasser nicht berühren. Den Süßwein zugießen und die Masse bei geringer Temperatur weiterschlagen. Die Zabaglione ist fertig, wenn sie dick und schaumig aussieht.

Sie können die Zabaglione pur servieren, über Beeren schöpfen oder Kleingebäck dazu reichen.

Crostini con le zucche

Crostini mit marinierten Zucchini

Für 4 Personen
Zubereitungszeit 15 Minuten,
plus 1–2 Stunden Marinieren

2 junge Zucchini
1 Handvoll Basilikumblätter
1 Peperoncino
1 ½ EL Weißweinessig
Salz
frisch gemahlener Pfeffer
4 EL Olivenöl
8–12 Scheiben Weißbrot

Die Zucchini waschen, putzen und in feine Streifen schneiden oder hobeln. Die Basilikumblätter in schmale Streifen schneiden. Den Peperoncino fein hacken.

Den Weißweinessig mit dem Basilikum, Peperoncino, Salz, Pfeffer und Olivenöl verrühren. Die Zucchini dazugeben, alles vermischen und 1–2 Stunden durchziehen lassen.

Das Weißbrot im Toaster oder Backofen rösten, bis es knusprig ist. Sobald es etwas abgekühlt ist, die Zucchini darauf verteilen und servieren.

Marche

Von Strandküchen und Fischsuppen – zu Besuch bei Roberto & Martina

Balneare Antonio | Spiaggia e Ristorante
Porto Recanati (MC) Italia

Ancona, Castelferretti, settimana del brodetto, Mistrà, Balneare Antonio, spiaggia, ristorante, Officina della Gastronomia, cucina tradizionale di pesce, sdraie, il mosciolo selvatico di Portonovo, panini, il mago del Brodetto, Porto Recanati, vino cotto

Nicht jede Region empfängt einen freudestrahlend mit geöffneten Armen – so auch die Marken: Bereits 10 Minuten nach meiner Ankunft in Ancona werde ich zwar freundlicherweise von einem Bus vorbeigelassen, um gleichzeitig jedoch von einer Vespa (deren Fahrer hinter dem Bus nicht warten will) überfahren zu werden – also fast. Überhaupt beginnt diese Fahrt nicht ganz ohne Komplikationen. Es fängt schon in Rom an: Dort wird man in einen kleinen Flieger nach Ancona gesteckt, der so winzig ist, dass den Passagieren das Handgepäck abgenommen wird, um es in den Frachtraum zu transportieren. Meist befinden sich in dem Handgepäck jedoch auch Dinge, die man eben nicht gerne aus der Hand gibt, beispielsweise eine empfindliche Fotoausrüstung …

In Ancona angekommen, erklärt sich, warum die Flieger, die hier landen, so winzig sind. Der Flughafen selbst ist kaum größer. Dafür ist die Atmosphäre dort kuschelig und familiär. Die Zugstation des Orts Castelferretti liegt gleich auf der anderen Straßenseite gegenüber des Flughafens. Hier nehme ich den Zug zum Hauptbahnhof Ancona. Mein Hotel liegt vis-à-vis vom Bahnhof. Leider liegt das Zentrum nicht gegenüber von meinem Hotel.

So genau weiß ich noch gar nicht, was und wen ich hier besuchen könnte. Als ich noch darüber nachdenke, klingelt mein Handy und Andrea ist dran. Ich kenne ihn nicht, aber Selen, die Freundin von Alessandro (die ich beide in der Lombardei getroffen habe) hat ihn mir vermittelt. Andrea vermittelt mich wiederum weiter an Martina Regnicolo. Als ich Martina anrufe, fragt sie mich, warum ich in Ancona bin, schließlich sei Porto Recanati doch viel schöner. Also verabrede ich mich kurz entschlossen für den nächsten Tag mit Martina in Porto Recanati, das ich von Ancona in nur 20 Minuten Zugfahrt erreichen kann.

Wie es der Zufall so will, treffe ich mitten in der berühmten Fischwoche, der *settimana del brodetto*, hier in Recanati ein. Der *brodetto* ist eine der regionalen Spezialitäten aus den Marken. Früher war es das Resteessen der Fischer, mittlerweile ist der *brodetto* eine hochwertige und teure Fischsuppe. In dieser Woche wird er überall in Porto Recanati zum vereinbarten niedrigeren Preis von 20 Euro angeboten. Bevor ich Martina im Balneare Antonio treffe, wo sie mich Roberto Paoletti vorstellt, gehe ich ins Restaurant »Il mago del Brodetto« und bestelle mir diese berühmte Fischsuppe.

Danach treffe ich Martina draußen am Strand. Dort sitzt sie mit ihrem Mann und ihrem Kind an einem Tisch mit Blick aufs Meer. Martina arbeitet an einer Schule für italienische Sprache und Kultur für Ausländer und führt nebenbei einen Foodblog.

Ihre Mittagspause verbringt sie meist hier im Strandrestaurant, wo Roberto Paoletti eine ausgezeichnete Fischküche zwischen traditionell und modern zubereitet. Roberto gehört zu einer alteingesessenen Familie, deren Arbeitsplatz seit jeher der Strand ist. 1935 gründeten die beiden Brüder Geremia und Giacomo Piangerelli den »Balneare Antonio«. Damals war es nur ein Strand, wo man jedoch schon Sonnenschirme und Liegestühle mieten konnte. In den 60er-Jahren kam dann ein Kiosk dazu, der kalte Getränke anbot, und in den 90er-Jahren wurde daraus eine Bar, die auch *panini* und *piadine* verkaufte. Ab dem Jahr 2000 entwickelte sich dann aus dem kleinen Familienunternehmen ein Fischrestaurant am Strand, das nun seit mittlerweile neun Jahren von dem 28-jährigen Roberto als Chefkoch geführt wird. Und da es sich herumgesprochen hat, dass Roberto so gut kocht, muss er leider auch viel arbeiten. Aber wer einen Arbeitsplatz mit Sonne, Strand und Meer besitzt, kann sich während der Arbeit schon fast im Paradies wähnen.

Brodetto

Fischsuppe aus Porto Recanati

Für 4 Personen
Zubereitungszeit 2 Stunden

2,5 kg gemischter Fisch (beispielsweise Seehecht, Seeteufel, Kalmar, Seezunge, Rotbarbe, Venusmuscheln, Miesmuscheln, Languste, Garnelen mit Schale, Scampi, Krebse, Seespinnen …)
Mehl
Olivenöl extra vergine
1 große weiße Zwiebel, geschält und gewürfelt
2–3 Sepien, küchenfertig vorbereitet und klein geschnitten
1 l Fischfond
1–2 Päckchen Safranfäden (0,1–0,2 g)
600 g passierte Tomaten (passata)
1 EL Tomatenmark
1 Handvoll Petersilie
4 Knoblauchzehen, geschält und zerkleinert
1 Lorbeerblatt
Peperoncino
Salz
250 ml trockener Weißwein
frisch gemahlener schwarzer Pfeffer
8–12 Scheiben geröstetes Brot

Die Fische waschen, ausnehmen und entschuppen, falls nötig. Große Fische in große Stücke teilen, kleine Fische ganz lassen. Die Fische (außer Krustentiere und Muscheln) in etwas Mehl wenden und überschüssiges Mehl abschütteln.

In einem großen Topf reichlich Olivenöl erhitzen und die Zwiebel darin anschwitzen. Die Sepien dazugeben und bei mittlerer Temperatur leicht anbräunen lassen. Mit dem Fischfond auffüllen und den Safran darin auflösen. Die passierten Tomaten, das Tomatenmark, die Petersilie, die Knoblauchzehen, das Lorbeerblatt und etwas Peperoncino dazugeben, eventuell mit Salz würzen und den Sud bei niedriger Temperatur etwas einkochen lassen.

Die Fische in einen Topf mit zwei Griffen schichten, und zwar die großen und bemehlten Fische zuerst, dann die zarteren Fische und zum Schluss die Muscheln. Alles mit dem zubereiteten Sud aufgießen, den Weißwein und 250 ml warmes Wasser dazugeben, mit Salz und Pfeffer abschmecken und 15–18 Minuten bei mittlerer Temperatur kochen (oder wie ein Italiener sagen würde *fuoco allegro*, bei »fröhlichem Feuer«). Auf keinen Fall umrühren, da sonst der Fisch zerfällt. Stattdessen den Topf gelegentlich leicht hin und her bewegen.

Den Fisch auf Teller verteilen, mit dem flüssigen *brodetto* auffüllen und mit geröstetem Brot servieren.

Notizia Als ich durch Porto Recanati lief und nach einem Restaurant suchte, in dem ich den *brodetto* probieren könnte, stieß ich auf das Restaurant »Il mago del Brodetto«. Ich stand fast in der Küche und sah die vollen Töpfe, in denen der *brodetto* vor sich hin köchelte. Giovanni Biagiola, der Koch und Besitzer des Restaurants, war so freundlich, mich in seine Küche zu lassen, und ich erfuhr, dass sein Opa der Erste war, der als zusätzliches Gewürz Safran in den *brodetto* gab. Den *brodetto* selbst hat aber nicht sein Opa erfunden, das waren die Fischer. Mittlerweile ist es das Nationalgericht der Marken, und es gibt vier historisch zertifizierte Variationen aus vier verschiedenen Orten: Fano, Ancona, San Benedetto del Tronto und Porto Recanati. Wobei das Rezept für den *brodetto* aus Porto Recanati das älteste sein soll. Alle vier Varianten werden verschieden zubereitet. Der *brodetto* aus Porto Recanati zeichnet sich beispielsweise durch das Fehlen von Tomaten und die Zugabe von *zafferanella* bzw. *zafferanone*, der Färberdistel aus, die man auch falschen Safran nennt und die weniger intensiv als der echte, edle Safran schmeckt. Giovanni Biagiola verwendet dennoch Tomaten in seinem *brodetto* und verzichtet dafür auf Muscheln.

Chitarrine al nero di seppia con baccalà, pancetta croccante e pecorino di fossa

Schwarze Chitarrine mit Stockfisch, Pancetta und Schafskäse
von Roberto Paoletti

Für 4 Personen
Zubereitungszeit 40 Minuten, plus 20 Minuten Ruhezeit

Für die *salsa*
200 g Stockfisch *(baccalà)*
Olivenöl extra vergine
1 Knoblauchzehe, geschält
100 g Pancetta, gewürfelt
70 g Kirschtomaten, klein gehackt
Weißwein
30 g *Pecorino di fossa* (ersatzweise reifer Pecorino), frisch gerieben
Salz

Für die Pasta
250 g Mehl (Tipo 00 oder Type 405)
250 g Hartweizenmehl
5 Eier
20 ml Tinte vom Sepia

Am Vortag den Stockfisch in kaltes Wasser legen und mindestens 12 Stunden wässern. Dabei öfter das Wasser auswechseln.

Beide Mehlsorten auf die Arbeitsplatte häufen und in der Mitte eine Mulde bilden. Die Eier und Tinte hineingeben und mit dem Mehl zu einem homogenen Pastateig verkneten. Diesen zu einer Kugel formen und zugedeckt bei Zimmertemperatur 20 Minuten ruhen lassen.

Den Nudelteig 2 mm dick ausrollen, dann mehrmals falten und in 2 mm breite Streifen schneiden. In einem Topf reichlich gesalzenes Wasser sprudelnd aufkochen und die *chitarrine* darin halbgar kochen; abseihen, dabei etwas Kochwasser zurückbehalten.

Inzwischen in einer Pfanne etwas Olivenöl erhitzen. Die Knoblauchzehe darin erwärmen. Den Pancetta und die Tomaten hinzufügen und anbraten, bis der Pancetta Farbe annimmt. Den in kleine Stücke geschnittenen Stockfisch dazugeben und einige Minuten garen. Mit einem guten Schuss Weißwein ablöschen.

Die *chitarrine* in die Pfanne geben und fertig garen. Falls nötig, etwas Pasta-Kochwasser dazugeben. Die Pasta auf Teller verteilen, mit Pecorino bestreuen und servieren.

Abbinamento consigliato Pecorino biologico, Valle del sole

Tortello nero ripieno

Tortelli gefüllt mit Tintenfisch, Pilzen und Rogen
von Roberto Paoletti

Für 4 Personen
Zubereitungszeit 40 Minuten, plus 20 Minuten Ruhezeit

Für die Pasta
500 g Mehl (Tipo 00 oder Type 405)
5 Eier
20 ml Tinte vom Sepia, eventuell etwas mehr

Für die Füllung
200 g Kalmare | 160 g Champignons
40 g Butter
½ Zwiebel, geschält und grob geschnitten
1 Knoblauchzehe, geschält
1 guter Schuss Weißwein
200 g Ricotta
Salz | frisch gemahlener schwarzer Pfeffer
1–2 Handvoll Schnittlauchröllchen,
  plus etwas zum Garnieren

Zum Garnieren
6 EL gewürzte Tomatensauce
Rogen der Meeräsche (bottarga)

Das Mehl auf die Arbeitsplatte häufen und in der Mitte eine Mulde bilden. Die Eier und Tinte hineingeben und mit dem Mehl zu einem homogenen Pastateig verkneten. Diesen zu einer Kugel formen und abgedeckt 20 Minuten bei Zimmertemperatur ruhen lassen.

Die Kalmare abspülen, die Köpfe abziehen und beiseitelegen. Das Innenskelett herausziehen und das Fleisch grob zerkleinern. Die Pilze säubern und klein schneiden. Ein Stück Butter in einer Pfanne erhitzen, die Zwiebel und den Knoblauch darin leicht bräunen. Das Kalmarfleisch und die Pilze hinzufügen, leicht anbraten, mit Wein ablöschen und 2 Minuten garen. Etwas abkühlen lassen und im Mixer pürieren. Den Ricotta mit etwas Salz und Pfeffer sowie dem Schnittlauch in eine Schüssel geben und mit der Fischpaste gut vermischen.

Den Teig nicht zu dünn zu etwa 16 cm breiten Bahnen ausrollen und auf eine Hälfte der Bahnen je 1 EL Füllung mit 4–5 cm Abstand setzen, dann die andere Hälfte darüberklappen. Mit einem Teigrad Tortelli ausschneiden.

In einer Pfanne etwas Öl erhitzen, die Kalmarköpfe in Mehl wenden, anbraten und zur Seite stellen. Die Tortelli in reichlich kochendem, gesalzenem Wasser gar kochen, abseihen und dann in einer Pfanne in etwas zerlassener Butter schwenken. Auf jeden Teller etwas warme Tomatensauce geben, die Tortelli daraufsetzen und mit den Kalmarköpfen, Schnittlauch und bottarga garnieren.

Abbinamento consigliato Verdicchio superiore von Fulvia Tombolini

Ciambellone »duro« di nonna Teresa

Nonna Teresas Sonntagskuchen
von Martina Regnicolo

Für 1 Kuchen
Zubereitungszeit 25 Minuten, plus 40 Minuten Backzeit

100 g Rosinen
1 EL Rum
500 g Mehl (Tipo 00 oder Type 405)
100 g Zucker
100 g weiche Butter
3 Eier
100 ml Milch
Anislikör (beispielsweise Mistrà oder Sambuca)
abgeriebene Schale von 1 unbehandelten Zitrone
1 Päckchen Backpulver
Hagelzucker zum Bestreuen

Den Backofen auf 180 °C vorheizen.

Die Rosinen in dem Rum und etwas lauwarmem Wasser 10 Minuten einweichen. Das Mehl und den Zucker vermischen und auf die Arbeitsfläche häufen. In der Mitte eine Mulde bilden und die Butter, die Eier, die Milch, den Anislikör, die Zitronenschale und das Backpulver hineingeben und alles so lange verkneten bis ein kompakter Teig entsteht (falls nötig, noch etwas Milch oder Mehl dazugeben).

Die Rosinen ausdrücken, leicht mit Mehl bestreuen und in den Teig kneten. Aus dem Teig einen Laib formen, diesen mit Hagelzucker bestreuen, auf ein mit Backpapier belegtes Backblech legen und etwa 40 Minuten backen.

Notizia »Diesen Kuchen brachte uns meine Oma immer am Sonntag. Es verging kein Sonntag ohne den *ciambellone* meiner *nonna*. Die Großen tunkten ihn in Vino cotto, und wir Kleinen hatten keine andere Wahl, als die Stücke in Wasser zu tunken (obwohl ich zugebe, dass ab und an ein paar Tropfen Wein in unser Glas sprangen). Dieser *ciambellone* ist ideal für ein Frühstück, um ihn dann in warme Milch zu tunken. Auch lässt er sich je nach Geschmack variieren, zum

Beispiel kann man statt Rosine, Schokostückchen verwenden, oder man nimmt einen anderen Likör oder gibt noch Mandelsplitter hinzu.«

Abbinamento consigliato Vino cotto (nicht zu verwechseln mit *vincotto*, einer Traubenreduktion)

Weitere Rezepte von Martina unter:
www.officinadellagastronomia.it

Umbria

Von Schweinen, Trüffeln und starken Umbriern – zu Besuch bei Familie Fabrizi

Agriturismo Malvarina | Albergo Diffuso di Campagna
Assisi (PG), Italia

Maialata, Foligno, frascatelle, selvatico roveja, maiale, tartufo, norcino, Francesco di Assisi, Baci Perugina, cicerchie, porchetta, torta al testo, farro, pecorino, Castelluccio, stringozzi, Spello, Sagrantino di Montefalco, prosciutto di Norcia IGP, mezzafegato

Umbria

Pünktlich wie die italienischen Züge nun mal sind, steige ich um 20:29 Uhr in Foligno aus. Ich gehe hinaus auf den Bahnhofsvorplatz und erblicke in der Ferne Claudio Fabrizi (der eine gewisse Ähnlichkeit mit Gérard Depardieu aufweist). Wir begrüßen uns, steigen in sein Auto und fahren noch gut 20 Minuten weiter nach Assisi, dahin, wo man für Franziskus von Assisi zwei Jahre nach seinem Tod im Jahr 1224 eine Doppelkirche mit Fresken bedeutender Künstler wie beispielsweise Giotto erbaut hat. Dahin, wo Claudio und seine Frau Patrizia mit ihren Söhnen Giacomo und Phillipo sowie mit Claudios Mutter Maria leben. Sie betreiben einen Agriturismo mit dem Namen »Malvarina«. Hier wird morgen das umbrische Fest *la maialata* gefeiert, für das ich extra angereist bin.

Agriturismo darf sich ein Bauernhof dann nennen, wenn er nicht nur Gästezimmer vermietet, sondern auch Produkte aus eigener Herstellung anbietet. Die Familie Fabrizi produziert unter anderem ein prämiertes Olivenöl, auf das sie sehr stolz ist. Dass ihre Produkte biologisch zertifiziert sind und der Hof nach ökologischen Prinzipien geführt wird, sollte nach Meinung von Claudio nicht nur um des Zertifikats willen geschehen, sondern eine Selbstverständlichkeit sein. Bevor er sich 1989 dazu entschied, den Agriturismo zu eröffnen, hatte er viele andere Berufe. Angefangen beim Verkaufen von Kassen, weiter zum Fernfahrer, was ihn durch ganz Europa führte, bis hin zum Finanzberater auf Management-Ebene. Doch auch der Finanzwelt hat er wieder den Rücken gekehrt und stattdessen in einer sehr idyllischen Gegend, 10 Autominuten von Assisi und 30 Autominuten von Perugia entfernt, »Malvarina« eröffnet. Sein Sohn Giacomo hilft ihm beim Betrieb, seine Mamma Maria, eine Dame von stolzen 88 Jahren, hat ihre Aufgaben, die sie im Agriturismo innehatte, an Patrizia weitergegeben.

Patrizia ist eine so leidenschaftliche Köchin, dass sich dies schon überall herumgesprochen hat – dabei hat sie sich alles selbst beigebracht. Tagsüber arbeitet sie in einem metallverarbeitenden Betrieb, der ihren Eltern gehört. Es scheint, als sei sie bereits mit einem Lächeln auf die Welt gekommen, und ihre Lebensphilosophie heißt: In der Ruhe liegt die Kraft. Damit schafft sie sehr viel.

Am Abend der *maialata* konnte man Patrizia nirgendwo im Gastraum, in dem mehr als 100 Gäste bewirtet wurden, entdecken. Dabei wurden die vielen Gänge, die sie mit der Unterstützung vieler zubereitet hatte, ausgiebig gelobt. Sie war zu früh auf den Beinen gewesen und anstatt sich nach dem Kochen zu duschen, fein anzuziehen und sich das Lob der Gäste einzuholen, ist sie in ihren Pyjama geschlüpft und schlafen gegangen.

Patrizias zweite Leidenschaft ist neben dem Kochen selbst das Sammeln und Lesen alter Kochbücher der umbrischen traditionellen Kochkunst. Darüber kann sie viel erzählen, zum Beispiel, dass früher die Frauen allein mit Wasser und Mehl – und mit viel Fantasie – die verschiedensten Dinge gezaubert haben – wie *stringozzi*, die ähnlich wie Tagliatelle, aber eben ohne Ei hergestellt werden, *strapatelle* oder die *frascatelle*, für die Mehl auf einen Tisch gegeben, mit großen Wassertropfen beträufelt und dann mit den Handflächen körnig gerieben wurde. »Umbrien hatte noch nie eine reiche Küche«, erzählt sie weiter, »und es war auch nie eine reiche Region«. Der einzige umbrische Käse ist der Pecorino. Ich höre zum ersten Mal von der Hülsenfrucht *cicerchia*, der Platterbse, und von der *roveja*, der wilden Erbse. Sie erwähnt den Dinkel, *il farro*, und erklärt, dass sich – obwohl Umbrien nicht an der Küste liegt – eine ausgezeichnete Fischgastronomie um den großen Lago Trasimeno gebildet hat, aus dem beispielsweise Karpfen, Barsche und Hechte gefischt werden. Auch die kann Patrizia sehr gut zubereiten, sagt Claudio ganz stolz.

Umbria

La maialata, il maiale e il norcino

Die *maialata* ist ein Fest aus alten Zeiten, bei dem sich die ganze Familie auf dem Land traf, um an der Schlachtung eines Schweins und dessen Weiterverarbeitung teilzunehmen. Den Rest des Abends verbrachte man dann mit einem nicht enden wollenden Festmahl, das überwiegend aus verschiedensten Schweinefleischgerichten bestand. Alles vom Schwein wurde verwertet, nichts durfte weggeworfen werden. Das Schwein wurde sozusagen auf vielfältige Weise »transformiert«.

So hat sich speziell in Umbrien, allen voran in der Gegend um Norcia, die Kunst der Schweineverarbeitung entwickelt, deren Künstler *norcino* genannt wird. Das Handwerk heißt *norcineria*. Heute heißen auch die Läden so, die Schweine verarbeiten und Wurstwaren verkaufen. *Norcineria* gilt mittlerweile als ein Synonym für *salumeria* (Wurstwarenladen).

Früher ging der *norcino* zu den Familien nach Hause, um dort das Hausschwein durch einen gekonnten Schnitt in den Hals schnell und mit wenig Leid zu töten. Seine Aufgabe war es auch, das Schwein dann zu Wurstwaren und -spezialitäten zu verarbeiten. Genau genommen hatte der *norcino* keinen festen Arbeitsplatz.

Heute ist er mehr auf die Verarbeitung, denn auf das Töten des Schweins spezialisiert. Dabei wird alles vom Schwein verwertet: neben dem Fleisch auch Kopf, Blut, Borsten – für Pinsel und Bürsten – bis hin zum Nebenprodukt, das bei der Herstellung von Schweineschmalz entsteht, den sogenannten *ciccioli* (Grieben). Der Unterschied zu einem *maccelaio* (Metzger) ist im Wesentlichen, dass der *norcino* nur Schweine verarbeitet. Immerhin sind Schweine in Umbrien der Fleischlieferant Nummer 1, neben Wildtieren und dort allen voran den Tauben.

Die wohl bekanntesten Produkte aus Schweinefleisch in Umbrien sind der *mezzafegato* (eine Salami, der Schweineleber beigemischt wird) und der *prosciutto di Norcia IGP*. Darüber hinaus sind auch die *porchetta* und die *coppa di Maiale* sehr beliebt. Trotz strenger Hygienevorschriften, die viele alte handwerkliche Traditionen verbieten und dadurch in Vergessenheit geraten lassen, dürfen auch heute noch Familien einen *norcino* zu sich nach Hause holen – allerdings nur, wenn sie nicht mehr als drei Schweine halten.

Auch zur *maialata* im Agriturismo Malvarina wurde der *norcino* Giorgio, der schon als Hausfreund der Familie Fabrizi gilt, geholt. Er servierte am Abend viele seiner handwerklich hergestellten Schweinespezialitäten.

Coppa di maiale

Schweinepresskopf

Für 10 Personen
Zubereitungszeit 1 Stunde

1 Schweinekopf
4 kg Schweineschwarten und Schweineknochen
Salz
abgeriebene Schale von 2 unbehandelten Orangen
Saft von 2 Zitronen
20 g Muskatnuss, frisch gerieben
150 g Zimt
150 g Pfeffer

Den Schweinekopf mit den Schweineschwarten und -knochen in einen großen, mit gesalzenem Wasser gefüllten Topf geben, aufkochen und dann köcheln lassen.

Wenn das Fleisch beginnt, sich von den Knochen zu lösen, nach 3–4 Stunden, ist die Kochzeit beendet. Alle Knochen vom Fleisch befreien. Das abgelöste Fleisch zusammen mit den Schwarten auf ein großes Schneidebrett legen und klein schneiden.

Das Fleisch mit allen Gewürzen sowie Salz abschmecken und dann in einen in der Größe passenden Presssack geben. Diesen verschließen und mit einem Gewicht über Nacht beschweren, damit die Flüssigkeit austritt. Nun ist der Schweinepresskopf verzehrfertig.

Notizia Dieses Rezept ist von *Norcino* Mastro Giorgio, einem Hausfreund der Familie Fabrizi. Er ist bei jeder *maialata* mit seinen Schweinefleischspezialitäten dabei. Die Menge der Gewürze hängt vom persönlichen Geschmack ab und kann variieren. Das Fleisch sollte gut gesalzen werden, da beim Beschweren das Salz mit der Flüssigkeit abfließt.

Abbinamento consigliato Montefalco Rosso

Umbria

Torta al testo con uvetta e noci

Fladenbrot mit Walnüssen und Rosinen
von Patrizia Menghinella

Für 10 Personen
Zubereitungszeit 30 Minuten, plus Ruhe- und Backzeit

1 kg Mehl (Tipo 0 oder Type 550)
½ TL Salz
25 g frische Hefe
2 Handvoll Walnusskerne
2 Handvoll Rosinen
frisch gemahlener schwarzer Pfeffer

Das Mehl mit dem Salz vermischen. Die Hefe in etwas lauwarmem Wasser auflösen und zu dem Mehl geben. So viel lauwarmes Wasser dazugeben und unterkneten, dass ein weicher, aber nicht klebriger Teig entsteht. Die Walnusskerne grob hacken und mit den Rosinen unterkneten. Den Teig in eine Schüssel geben, mit einem feuchten Tuch abdecken und ruhen lassen, bis er sein Volumen verdoppelt hat.

Den *testo*, eine gusseiserne Pfanne oder eine Crêpepfanne erhitzen.

Den Teig in zehn gleich große Stücke teilen, zu runden Fladen von 2 cm Dicke formen, mit einer Gabel mehrmals einstechen, auf den *testo* legen und von beiden Seiten goldbraun braten. Den Fladen häufig wenden, damit er nicht anbrennt. Den fertigen Fladen aus der Pfanne nehmen, in Tortenstücke schneiden und noch warm servieren.

Notizia Die *torta al testo* wird in Umbrien traditionell mit in Scheiben geschnittener Salami oder Schinken gegessen. Oft aber auch mit gegrillter *salsiccia* und gegartem Wildgemüse. *Testo* heißt die Backscheibe. Man stellt sie auf die Herdplatte bzw. das offene Feuer. Früher wurde dafür ein flacher Stein verwendet, heute besteht sie meist aus Gusseisen.

Abbinamento consigliato Rosso di Assisi

Zuppa di legumi con farro

Hülsenfrüchtesuppe mit Dinkel
von Patrizia Menghinella

Für 4 Personen
Zubereitungszeit 1 Stunde, plus 12 Stunden Einweichzeit

125 g *cicerchie* oder Kichererbsen
125 g Wilderbsen *(roveja)* oder getrocknete Erbsen
125 g Berglinsen
100 g Dinkelkörner
1 Karotte, geputzt und geviertelt
2 Stangen Staudensellerie, jeweils halbiert
4 kleine Zwiebeln, geschält und klein geschnitten
Olivenöl
2 Knoblauchzehen
1 Rosmarinzweig
Gemüsebrühe (nach Geschmack)
Salz | frisch gemahlener Pfeffer oder Peperoncino
geröstetes Brot (nach Belieben)

Die Kichererbsen oder *cicerchie* und die Wilderbsen getrennt voneinander 12 Stunden in Wasser einweichen. Das Einweichwasser abgießen und die beiden Erbsensorten, die Linsen und auch den Dinkel in einen eigenen, mit Wasser gefüllten Topf geben und jeweils ein Karottenviertel, eine halbe Stange Sellerie und eine geschnittene Zwiebel dazugeben und nach Packungsangabe gar kochen.

In einem großen Topf etwas Olivenöl erhitzen, und die ungeschälten Knoblauchzehen mit dem Rosmarin darin etwas anbraten; herausnehmen. Die abgegossenen Hülsenfrüchte und den Dinkel mit den Karotten, dem Sellerie und den Zwiebeln in den Topf geben und mit so viel Brühe, wie man gerne haben möchte, auffüllen. Mit Salz und Pfeffer oder Peperoncino abschmecken, mit etwas Olivenöl beträufeln und mit geröstetem Brot servieren.

Notizia Damit die Suppe sämiger wird, einige Löffel Hülsenfrüchte und Getreide fein pürieren und wieder unterrühren.

Abbinamento consigliato Villa Fidelia Bianco

Piccioni ripieni all'Umbra

Gefüllte Tauben nach umbrischer Art
von Patrizia Menghinella

Für 4 Personen
Zubereitungszeit 2 Stunden 20 Minuten

2 Tauben mit Innereien (Herz, Leber etc.),
   küchenfertig vorbereitet
100 g Salsiccia | Olivenöl
3–4 Knoblauchzehen, davon 2 geschält und klein geschnitten
4–6 Salbeiblätter | 2 TL Kapern
80 g altbackenes Weißbrot ohne Kruste | Salz
2 Eier | abgeriebene Schale von 1 unbehandelten Zitrone
Muskatnuss, frisch gerieben
2 Handvoll frisch geriebener Parmesan
frisch gemahlener schwarzer Pfeffer | 2 Zweige Rosmarin
Wacholderbeeren | 400 ml trockener Weißwein

Die Tauben gut abspülen und trocken tupfen, die Innereien klein schneiden. Das Wurstbrät aus der Pelle drücken. In einem Topf etwas Olivenöl erhitzen und die Innereien mit dem zerkleinerten Knoblauch, zwei Salbeiblättern, dem Wurstbrät und 1 TL Kapern darin anbraten.

Das Weißbrot in leicht gesalzenem Wasser einweichen, gut ausdrücken und in eine Schüssel geben. Die Innereien, die Eier, die Hälfte der Zitronenschale, etwas Muskatnuss und den Parmesan dazugeben, alles gut vermischen und mit Salz und Pfeffer würzen. Die Tauben damit füllen und mit einem Zahnstocher oder mit Küchengarn verschließen. In einem Schmortopf etwas Olivenöl erhitzen und die Tauben hineinsetzen. Die restlichen Salbeiblätter, einen Zweig Rosmarin, einige Wacholderbeeren, die restliche Zitronenschale und Kapern und 1–2 ungeschälte Knoblauchzehen dazugeben; salzen und pfeffern. Sobald die Tauben Farbe annehmen, mit Weißwein ablöschen. Die Tauben zugedeckt in 1–1 ½ Stunden gar schmoren, dabei gelegentlich etwas Wasser dazugeben. Auf vier Tellern etwas Bratensud verteilen, auf diese die Tauben setzen und sofort servieren.

Abbinamento consigliato Sagrantino di Montefalco 100 %

Stringozzi al tartufo nero

Umbrische Nudeln mit schwarzem Trüffel
von Patrizia Menghinella

Für 4 Personen
Zubereitungszeit 55 Minuten

400 g Mehl (Type 00 oder Typ 405)
½ TL Salz
250 g schwarze frische Trüffeln, gesäubert
1 große Knoblauchzehe, geschält
frisch gemahlener schwarzer Pfeffer oder Peperoncino
1 EL Olivenöl | 1 EL Butter

Das Mehl mit dem Salz vermischen und so viel Wasser dazugeben und unterkneten, dass ein weicher, aber nicht klebriger Teig entsteht. Den Teig mit einem Tuch abdecken und 30 Minuten bei Zimmertemperatur ruhen lassen.

Den Teig dünn ausrollen, dann zu einer flachen Rolle übereinanderschlagen und in 4–5 mm breite Streifen schneiden. Die *stringozzi* mit Mehl bestreuen und 1 Stunde trocknen lassen.

Die Trüffeln mit dem Knoblauch und etwas Pfeffer oder Peperoncino im Mixer zerkleinern. In einen Topf, der so groß ist, dass später die gekochten *stringozzi* hineinpassen, das Olivenöl oder die Butter wärmen. Die zerkleinerten Trüffeln hineingeben und nicht zu stark erwärmen, da die Trüffeln ansonsten an Aroma einbüßen. Die Trüffelcreme salzen.

Die *stringozzi* in reichlich kochendem, gesalzenem Wasser al dente kochen und so abseihen, dass noch viel Kochwasser daran haften bleibt. Die Pasta zu der Trüffelcreme geben, gut durchrühren und auf Tellern servieren. Wer mag, kann abschließend noch etwas frischen Trüffel darüberhobeln.

Notizia Während sich weißer Trüffel ausschließlich für den Rohverzehr eignet, kann man den schwarzen Trüffel auch gut erwärmen. Jedoch sollte man ihn niemals erhitzen, da dies Aroma und Duft zerstört.

Abbinamento consigliato Colli Martani Bianco

Von Trüffeln und starken Umbriern

Am Tag nach der *maialata* fahre ich mit Claudio nach Spello zu einem Freund von ihm, der Trüffeln verkauft. Der schöne Ort Spello war mal eine römische Kolonie. Mittlerweile ist Spello ein Ort der Künstler, viele haben sich dort ein Atelier eingerichtet. »Die Umbrier«, erzählt mir Claudio, »waren große, kräftige Menschen. Sie hatten aber keine große Kultur, machten keinen Schmuck, wie zum Beispiel die Etrusker, die mehr im Norden am Tevere lebten. Sie haben aber auch nie Krieg geführt, sondern unterhielten Handelsbeziehungen. Die Etrusker tauschten ihren Schmuck – Armbänder, Ringe – gegen das Fleisch der Umbrier. Die Etrusker waren höher entwickelt, weil sie mehr Kontakt mit anderen Völkern hatten. Als die Römer kamen, wurden sie verschlungen, auch die Umbrier, die als *testa di cuoio* benutzt wurden, als erste Kämpfer in der Legion. Sie kämpften in der ersten Reihe, weil sie so groß waren und vor nichts Angst hatten.«

Wir kommen bei »Il Tartufo di Paolo« an. Paolo sammelt, kauft von anderen Sammlern und verkauft Trüffeln und Trüffelspezialitäten. In Umbrien gibt es viele Trüffelsucher, *trifolai*, die mit ihrem Hund die edlen Pilze aufspüren und dann an die verkaufen, die sie weiterverarbeiten bzw. weiterverkaufen. Paolo hat so einen Betrieb. Die Trüffeln, die hier ankommen, werden erst einmal nach Qualität sortiert. Diese hängt vom Fundort, der Erdbeschaffenheit, aber auch von der Jahreszeit ab. Der schwarze Sommertrüffel, den Claudio bei sich sammelt, wird weniger geschätzt als beispielsweise der schwarze Sommertrüffel aus Norcia. Der weiße Trüffel wird als der wertvollste gehandelt. Aber auch unter den weißen Trüffeln gibt es unterschiedliche Qualitäten. Ein *bianchetto* ist weniger wertvoll als ein *tartufo bianco pregiato*. Insgesamt sechs Trüffelsorten sind für den Handel bedeutend:

Tartufo bianco pregiato (Tuber Magnatum Pico), auch *Tartufo d'Alba* genannt, ist der Wertvollste unter ihnen und wird zwischen Oktober und Dezember gesammelt.

Tartufo nero pregiato (Tuber Melanosporum Vitt), auch *Tartufo di Norcia* ist der zweitbegehrteste Trüffel und wird von Dezember bis März gesammelt.

Tartufo estivo o scorzone (Tuber Aestivum Vitt), kann manchmal von seinem Aroma her mit dem *tartufo nero pregiato* mithalten und wird zwischen Mai und August gesammelt.

Tartufo bianchetto (Tuber Borchii Vitt), der mit dem *Tartufo bianco pregiato* verwechselt werden kann, ist im Gegensatz zu diesem preiswerter. Er wird mit der Reife etwas dunkler und nimmt einen knoblauchartigen Geruch an. Der *bianchetto* wird von Januar bis April gesammelt.

Tartufo nero invernale (Tuber Brumale Vitt) kann aufgrund seiner gleichen Wachstumsbedingungen mit dem *tartufo nero pregiato* verwechselt werden, ist aber um fast die Hälfte preiswerter.

Tartufo nero liscio (Tuber Macrosporum Vitt) hat eine eher glatte Oberfläche und wird am Wenigsten von allen kommerzialisiert. Daher ist dies ein recht unbekannter, wenn auch schmackhafter Trüffel. Er wird von September bis Dezember gesammelt.

Die Größe des *tartufo bianco pregiato* reicht von haselnussgroß bis zu einem Gewicht von 1 Kilogramm. Dass er auch *tartufo bianco d'Alba* genannt wird, bedeutet nicht, dass Alba sein Fundort sein muss. Für Laien kann es verwirrend sein, wenn sie einen weißen Trüffel d'Alba kaufen, und feststellen, dass er gar nicht aus dem Ort Alba im Piemont kommt, sondern vielleicht aus Umbrien, dem Latium oder auch Kalabrien. Der schwarze Trüffel, der auch *tartufo di Norcia* heißt, muss deshalb auch nicht zwangsläufig aus Umbrien kommen, sondern kann aus den Abruzzen oder Molise stammen. Der Zusatz »d'Alba« oder »di Norcia« ist nur eine Klassifizierung, die besagt, dass der Trüffel an diesen Orten häufiger vorkommt. Allerdings ist es gesetzlich vorgeschrieben, dass Händler beispielsweise auf Messen den Fundort angeben müssen. Und dann liest man:

Tartufo nero di Norcia provenienza ... Umbria oder Molise oder Abruzzo.

Rocciata

Umbrischer Strudelkuchen

Für 1 Kuchen
Zubereitungszeit 40 Minuten, plus 30 Minuten Ruhezeit, plus 40 Minuten Backzeit

Für den Teig
300 g Mehl (Tipo 00 oder Type 405)
1 Prise Salz
1 EL Zucker
2 EL Olivenöl
20 ml Weißwein
1 Ei (Größe L)

Für die Füllung
100 g Rosinen
100 g getrocknete Aprikosen
700 g süßsaure Äpfel
je 50 g Mandel- und Walnusskerne
30 g Pinienkerne
1 Päckchen Bourbon-Vanillezucker
1 gestrichener EL Zimt
70 g Zucker
2 EL Anislikör (beispielsweise Mistrà oder Weißwein)
2 EL Olivenöl
1 Prise Salz
1 EL abgeriebene Schale von 1 unbehandelten Zitrone
1 EL abgeriebene Schale von 1 unbehandelten Orange

Zum Bestreichen
2 EL Zucker
1 EL Olivenöl
1 Glas Alchermes oder Grenadinesirup

Alle Zutaten für den Teig mit 70 ml lauwarmem Wasser gut verkneten. Den Teig in Frischhaltefolie wickeln und für 30 Minuten in den Kühlschrank legen.

Die Rosinen und die Aprikosen mit heißem Wasser übergießen und 5–8 Minuten einweichen. Das Wasser abgießen und das Restwasser gut auspressen. Die Äpfel schälen, vierteln, vom Kerngehäuse befreien und in Stücke schneiden. Die Mandeln und Walnüsse grob hacken. Sämtliche Zutaten für die Füllung vermischen und 30 Minuten ziehen lassen.

Den Backofen auf 180 °C vorheizen.

Den Teig auf einer bemehlten Fläche so dünn wie möglich zu einem länglichen Rechteck ausrollen. Die Füllung gleichmäßig darauf verteilen, rundherum einen 2 cm breiten Rand frei lassen. Die kurzen Seiten etwas über die Füllung legen, dann den Teig von der langen Seite her aufrollen. Die Naht mit Wasser befeuchten, damit sie zusammenklebt. Die Rolle zu einem Ring formen und auf ein mit Backpapier ausgelegtes Blech legen. 1 EL Zucker mit 1 EL Olivenöl vermischen, den Teig damit bestreichen und 40 Minuten im Ofen backen.

Den Kuchen abkühlen lassen, dann mit Alchermes oder Sirup beträufeln und mit dem restlichen Zucker bestreuen.

Notizia Die *rocciata* ist eine süße Strudelspezialität aus Assisi, Foligno und Spoleto, die früher zu Weihnachten und Allerheiligen zubereitet wurde. Mittlerweile gibt es sie das ganze Jahr über. Allerdings wird dieser Strudel nicht in allen drei Orten gleich zubereitet. In Assisi wird die Rocciata ohne Alchermes zubereitet und wie ein Hufeisen geformt. In Foligno und Spoleto dagegen wird sie als Ring gebacken und dann mit Alchermes beträufelt (siehe Foto, das im »Forno di Rita« in Foligno aufgenommen wurde).

In der Füllung gesellen sich zum frischen Obst, meist sind es Äpfel, noch getrocknete Früchte – in der Regel Feigen oder Pflaumen. Auch Kakaopulver gibt man gelegentlich in die Füllung. Jede Familie hat ihre Vorstellungen, welches getrocknete Obst und ob Kakao hineinkommt. Ich habe hier eine Variante mit getrockneten Aprikosen und ohne Kakao ausprobiert.

Lazio

Von *camerieri* und Artischocken – zu Besuch bei Maria Guarnacci Luti

Ristorante Nino | dal 1934
Roma (RM), Italia

Roma, Carciofo romanesco del Lazio IGP, vignarola, Frascati, dolce vita, Colosseo, Lupa Capitolina, la Fontana di Trevi, Piazza di Spagna, latino, Alberto Sordi, Anna Magnani, Pecorino Romano DOP, spaghetti alla carbonara, saltimbocca

Alle Wege führen nach Rom – auch meiner. Er beginnt in meiner Lieblingsbuchhandlung mit dem Namen Glückstein in einem kleinen Ort in Franken. Herr Wölfel, der Inhaber dieser kleinen und gemütlichen Buchhandlung, weiß von meiner großen Italienreise und fragt mich, ob ich schon Francesca kontaktiert habe. Erst nach kurzem Überlegen fällt es mir wieder ein, welche Francesca er meint. Ja, also nein, ich habe keinen Kontakt zu ihr aufgenommen, denn ich kenne sie gar nicht. Vor einigen Jahren besuchte ich allerdings eine Veranstaltung der ausgebildeten Sommelière, die »Festa del Gusto«, in den festlichen Sälen des Schlosses Obertheres in Franken, auf der italienische Köstlichkeiten angeboten wurden. Nachdem Herr Wölfel mir erzählt hat, dass Francescas Mutter in Rom direkt an der spanischen Treppe ein alteingesessenes, wunderschönes Restaurant führt, entschließe ich mich, Francesca Gräfin von Beust-Luti in ihrer Vinothek »Vino e Camino« in Bamberg zu besuchen und mir mehr von ihrer Mutter und dem Restaurant, in dem Tom Cruise unbedingt seine Hochzeit feiern wollte, woraufhin Francescas *mamma* ihn erst abwimmelte, erzählen zu lassen.

Ein paar Tage später stehe ich an der spanischen Treppe in Rom. Die Stadt zeigt sich heute regnerisch. Die Straßenhändler freut es, und ich erwerbe ein gelbgrünes Regencape für 5 Euro, das schon beim bloßen Anblick zerreißt. Dann biege ich nach rechts in die via Borgognona und betrete das Restaurant »Nino« (das gelbgrüne Regencape stecke ich vorher in die Tasche). Und da sind sie alle: Dario, Walter, Alberto, Domenico, Ezio, Gabriele, Angelo, Silvestri, Marco, Pietandrea, Belal und Sakkar. Einen Großteil von ihnen erkenne ich von den schönen Schwarz-Weiß-Fotos in Francescas Vinothek wieder, zumindest die Hälfte von ihnen arbeitet außerhalb der Küche des »Nino«. Die Namen und Fotos gehören nicht den wichtigen Persönlichkeiten und Promis, die hier ein- und ausgehen, sondern den *camerieri*, den Kellnern! Für mich steht sofort fest: Sie sind die wahren Stars des Restaurants.

Als ich eintrete, ist das Restaurant noch geschlossen. In und außerhalb der Küche werden Vorbereitungen getroffen, und auch die *camerieri* putzen die vielen runden, dickstämmigen Artischocken und die vielen frischen Erbsen und Bohnen, die sie dann später elegant gekleidet mit schwarzer Fliege den Gästen servieren. Dann erlebe ich einen der magischsten Momente, denjenigen kurz vor dem Öffnen des Restaurants. In Sekundenschnelle ist alles weggeräumt, die Tische sind wie von Zauberhand gedeckt, und die *camerieri* stehen noch vor dem Spiegel, rücken Hemd, Hose, Jacke und Fliege zurecht, während die ersten Gäste schon Platz nehmen. Die Vorstellung beginnt, und die Hauptdarsteller sind ohne Zweifel die charmanten und stilvollen Ober.

Auch Gioacchino Guarnacci, genannt Nino, der Namensgeber des Restaurants, und sein Bruder Mario begannen ihre Karriere in Rom als *camerieri*. Auf der Suche nach Arbeit verließen sie ihren Geburtsort in der Toskana. Sie nahmen von Nord- bis Süditalien jegliche Art von Arbeit an. Schließlich ließen sie sich in Rom nieder und fassten den Mut – nach den vielen Erfahrungen, die sie in Restaurants gesammelt hatten –, selbst ein Restaurant zu eröffnen. »Nino war ein Autodidakt. Er hat das Kochen durch Ausprobieren erlernt und sich selbst perfektioniert. Er liebte schöne Dinge, und es kam nie vor, dass man bei Nino Besteck aus billigem Metall bekam, es war immer schon Silberbesteck«, erzählt mir Maria Guarnacci, die Tochter von Nino und die *mamma* von Francesca, während ich mit ihr und ihrer Schwägerin Carmen beim *pranzo*, beim Mittagessen, im »Nino« sitze. Die Eröffnung des Restaurants ist jetzt 82 Jahre her und Maria, ihre Schwester Anna und ihr Bruder Egidio führen »Nino« in alter Tradition weiter.

Carciofo romanesco del Lazio IGP

Dario, der schon seit über 30 Jahren bei »Nino« als *camariere* arbeitet, drückt mir einen Helm in die Hand. Ich saß schon lange nicht mehr hinten auf einem Motorroller. Wobei der Roller diesmal ganz schön groß ist. Aber Dario (der eine Ähnlichkeit mit »James Bond« Daniel Craig hat), meint, dass man mit einem Motorrad besser durch Rom kommt, als mit dem Auto, ich soll mich einfach gut festhalten. Und ich muss ihm recht geben, man kommt in der Tat auf zwei Rädern (wenn man mutig genug ist, sich in engen Straßen, ganz knapp an den Autos vorbei durchzuschlängeln), besser durch als mit einem Auto. Zudem sieht man mit einem Motorrad die Schlaglöcher Roms besser, und das sind nicht wenige.

Wir sind auf dem Weg zu Roberto Seri nach Ladispoli zur »Azienda Agricola Seri Mario & Franco«. Hier wird eines der wichtigsten Produkte des Latiums angebaut, nämlich *il Carciofo Romanesco del Lazio IGP*, auch als *mammola* oder *cimarolo* bekannt. Die Artischocke gilt als *re dell'orto*, König des römischen Gemüsegartens, und ist aus der römischen Küche nicht wegzudenken. Seit 1950 findet in Ladispoli auch das jährliche Fest der Artischocke statt. Dann gibt es Artischocken in allen bekannten *(carciofi alla Giudia, brodetto di carciofi, carciofi ripieni, carciofi alla romana, carciofi fritti)* und auch in ungewöhnlichen Variationen, wie dem *gelato al carciofo*, das von dem sizilianischen Eismachermeister Antonio Cappadonia erfunden wurde.

Kennzeichnend für die grün-violette römische Schönheit ist ihre sehr runde Form und das Fehlen von Stacheln. Denn der Name *carciofo* (im Italienischen ist dieses Gemüse männlich) leitet sich vom arabischen Namen *al-karshuf* ab, was soviel bedeutet wie »Erdstachel« oder »Pflanze, die sticht«. Man vermutet, dass die Etrusker die Ersten waren, die mit der Kultivierung dieser Wildpflanze begonnen haben.

Seit 1930 sind zwei Arten des *Carciofo Romanesco del Lazio* bekannt: der *Castellammare* und der *Campagnano*. Generell liegt die Erntezeit zwischen Januar und Mai, jedoch gibt es Unterschiede. Der *Castellammare* ist ab Februar am besten, für den *Campagnano*, der verschlossener, farbintensiver und auch wohlschmeckender ist, beginnt die Erntezeit erst im März oder April.

Auch wenn die Artischocke aus der römischen Küche nicht mehr wegzudenken ist, verbreitete sie sich erst ab den 50er-, 60er-Jahren so richtig. Grund war eine intensive Kultivierung, vor allem hier in Ladispoli im Latium. Und auch wenn das Restaurant »Nino« aufgrund der Heimat der Gründerbrüder eine überwiegend toskanische Speisekarte führt, werden nach Meinung vieler Gäste genau hier die besten *carciofi alla romana* zubereitet. Die bestelle ich mir nach unserer Fahrt – und Dario serviert sie mir.

Lazio

181

Lazio

183

Carciofi alla romana

Artischocken römischer Art
vom Restaurant »Nino«

Für 6 Personen
Zubereitungszeit 1 Stunde

6 Artischocken (vorzugsweise *carciofo romanesco del Lazio*)
1 Zitrone
2 Sardellenfilets, in Salz eingelegt
20 g Minze (vorzugsweise die römische Sorte *mentuccia*)
30 g glatte Petersilie
1 Knoblauchzehe, geschält
750 ml Olivenöl extra vergine
½ Glas trockener Weißwein

Die äußeren kleinen Blätter der Artischocken entfernen. Die Stiele etwas kürzen und schälen. Die oberen Blattspitzen abschneiden. Die Artischocken in Zitronensaft-Wasser legen.

Die Sardellenfilets abwaschen, trocken tupfen und zusammen mit der Minze, der Petersilie und dem Knoblauch mit einem Wiegemesser klein hacken. In die Mitte jeder Artischocke 1 EL der Füllung geben.

Die Artischocken dicht nebeneinander in einen Topf legen. Das Olivenöl mit dem Weißwein und 250 ml Wasser mischen und die Artischocken damit übergießen, sodass sie ganz bedeckt sind. Einen Deckel auf den Topf legen, die Artischocken bei hoher Temperatur aufkochen und dann bei reduzierter Temperatur 20 Minuten köcheln lassen. Jeweils eine Artischocke mit dem Stiel nach oben auf einen Teller stellen, etwas Garsud dazugeben und servieren.

Abbinamento consigliato Zu Artischocken wird Wein nicht wirklich empfohlen, da sich der Tanningehalt mit den Bitterstoffen nicht gut verträgt. Ich trinke am liebsten zu allem lieber Rotwein, aber Francesca meint, dass zu diesem typischen römischen Gericht auch ein echter Römer gehört, nämlich ein Frascati Superiore von Casale Marchese.

Vignarola

Frühlingsgericht mit Erbsen, Dicken Bohnen und Artischocken
vom Restaurant »Nino«

Für 4–6 Personen
Zubereitungszeit 1 Stunde

3 Artischocken (vorzugsweise *carciofo romanesco del Lazio*)
1 Zitrone
2 weiße Zwiebeln, geschält
Olivenöl extra vergine
etwas trockener Weißwein
400 g gepalte Dicke Bohnen *(fave)*
400 g frische Erbsen, gepalt
½ Kopf Romanasalat, in Streifen geschnitten
Salz | frisch gemahlener schwarzer Pfeffer

Die Artischocken wie auf Seite 184 beschrieben vorbereiten, jede Artischocke in sechs Stücke teilen und in Zitronensaft-Wasser legen.

Die Zwiebeln in Scheiben schneiden. In einer Pfanne mit hohem Rand etwas Olivenöl erwärmen und die Zwiebeln darin anschwitzen. Mit einem Schuss Weißwein ablöschen und diesen verdampfen lassen.

Erst die Bohnen, nach etwa 5 Minuten die Erbsen, nach weiteren 2 Minuten die Artischocken und zum Schluss den Salat dazugeben. Mit Salz abschmecken und zudecken (im Restaurant Nino wird das Gericht mit feuchtem, reißfestem Papier zugedeckt). Das Gemüse bei mittlerer Temperatur etwa 15 Minuten garen.

Die *vignarola* auf Tellern anrichten, mit etwas frisch gemahlenem Pfeffer bestreuen und warm servieren.

Abbinamento consigliato Hier passt ein roter Wein! Francesca empfiehlt einen Elephas rosso von Cantina Torre in Pietra.

An einem Tag fahre ich zur Familie Carletti nach Frascati. Seit etwa zwei Jahrhunderten gehört der Familie das Weingut »Casale Marchese«, wo der berühmteste römische Wein, der Frascati, hergestellt wird. Dort angekommen erwartet mich in einem idyllischen Gutshaus aus dem 18. Jahrhundert die ganze Familie mitsamt dem weißwolkigen, schläfrigen Hund Nuvola (Wolke). In dieser Romantik findet alles statt, von der Weinherstellung bis hin zur Flaschenabfüllung und Verpackung. Und während wir bei *Spaghetti cacio e pepe*, *Salt'im bocca* und reichlich gutem Wein zusammensitzen, erfahre ich, dass auch der Koch Giorgio Locatelli seinen Frascati bei dieser durchaus sympathischen Familie einkauft.

Salt'im bocca!

Kalbfleisch mit Salbei und Schinken

Für 4 Personen
Zubereitungszeit 20 Minuten

8 dünne Kalbsmedaillons à 60–70 g
4 Scheiben Parmaschinken oder San Daniele Schinken
8 große Salbeiblätter
1 EL Olivenöl extra vergine
3 EL kalte Butter
125 ml trockener Weißwein
1 TL abgeriebene Schale von 1 unbehandelten Zitrone
Salz
frisch gemahlener schwarzer Pfeffer

Das Kalbfleisch etwas plätten, auf jedes Medaillon eine halbe Scheibe Schinken und ein Salbeiblatt legen und mit einem Zahnstocher feststecken. Die unbedeckte Fleischseite mit Salz und Pfeffer würzen.

In einer Pfanne das Olivenöl und 1 EL Butter erhitzen. Die Medaillons auf der Fleischseite 2 Minuten anbraten, dann wenden und auf der Salbei-Schinken-Seite 1 Minuten braten.

Das Fleisch herausnehmen und abgedeckt warm stellen. Den Bratenfond mit Weißwein ablöschen. Die restliche kalte Butter und Zitronenschale unterrühren und die Sauce leicht aufkochen lassen; mit Salz und Pfeffer abschmecken. Die Pfanne vom Herd nehmen, das Fleisch in die Sauce legen und ½ Minute darin ziehen lassen. Mit Weißbrot servieren.

Abbinamento consigliato Für *Salt'im bocca* empfiehlt Alessandro Carletti den Novum, für *Spaghetti cacio e pepe* einen Frascati Superiore DOCG, beides von Casale Marchese.

Spaghetti cacio e pepe

Spaghetti mit Käse und schwarzem Pfeffer

Für 4 Personen
Zubereitungszeit 20 Minuten

Salz
500 g Spaghetti, idealerweise Spaghettini Nr. 5
1–2 EL Olivenöl extra vergine
250 g reifer *Pecorino romano*, gerieben
frisch gemahlener schwarzer Pfeffer

Einen großen Topf zu drei Vierteln mit Wasser füllen, das Wasser aufkochen lassen und dann salzen. Die Spaghetti hineingeben und nach Packungsanleitung al dente kochen. Eine Kelle Kochwasser abnehmen und zur Seite stellen, die Pasta abseihen.

Die Spaghetti in eine große, vorgewärmte Schüssel geben. Etwas Olivenöl, sämtlichen Käse, reichlich frisch gemahlenen schwarzen Pfeffer und etwas Kochwasser dazugeben und alles gut vermischen. Die Pasta auf Tellern anrichten, eventuell noch etwas schwarzen Pfeffer darübermahlen und sofort servieren.

Notizia *Spaghetti cacio e pepe* ist eines dieser berühmt-berüchtigten italienischen Arme-Leute-Pastagerichte. Es ist neben der *Spaghetti alla carbonara* und der *Pasta all'amatriciana* eines der typischsten Gerichte aus dem Latium – genauso wie die puristischen *Spaghetti aglio, olio e peperoncino*, die ebenfalls aus dem Latium kommen.

Spaghetti alla carbonara

Pasta mit Ei, Speck und Käse

Für 4 Personen
Zubereitungszeit 20 Minuten

Salz
500 g Spaghetti
4 sehr frische Eigelb
1 sehr frisches Ei
80 g *Pecorino romano*, frisch gerieben
frisch gemahlener schwarzer Pfeffer
100 g *guanciale* (Speck aus der Schweinebacke;
    ersatzweise Pancetta oder Bacon)

Einen großen Topf zu drei Vierteln mit Wasser füllen, das Wasser aufkochen lassen und dann salzen. Die Spaghetti hineingeben und nach Packungsanleitung al dente kochen.

Währenddessen in einer Schüssel das Eigelb, das Ei, 60 g Pecorino, sowie etwas Salz und Pfeffer gut verquirlen. Den Speck in kleine längliche Stücke schneiden und ohne zusätzliches Fett in einer Pfanne knusprig braten.

Die Pasta abseihen und etwas Kochwasser auffangen. Die heiße Pasta zu dem Speck geben und leicht untermengen, dann sofort zu der Eiercreme geben und so lange vermengen, bis der Käse etwas schmilzt. Erscheinen die Spaghetti zu trocken, etwas Kochwasser dazugeben. Die Pasta auf Tellern anrichten, mit dem restlichen Pecorino und etwas schwarzem Pfeffer bestreuen und sofort servieren.

Notizia Um die Entstehung dieser Speise ranken sich zwei Geschichten. Einmal sollen es umbrische Köhler, *carbonari*, gewesen sein, die im Latium Kohle verkauften. Sie begeisterten die Römer mit ihrer Speise so sehr, dass diese das Gericht fortan »ihr eigen« nannten. Die andere Legende besagt, dass dieses Gericht nach Kriegsende entstanden ist: Aus den von den Amerikanern mitgebrachten Lebensmitteln wie Bacon und Eipulver zauberten die Italiener sofort einen Welthit.

Abbinamento consigliato Clemens von Casale Marchese

Bucatini all'amatriciana

Pasta mit Tomatensauce und Speck

Für 4 Personen
Zubereitungszeit 40 Minuten

Salz
500 g Bucatini
100 g *guanciale* (Speck aus der Schweinebacke;
    ersatzweise Pancetta oder Bacon)
Olivenöl extra vergine
½ Glas trockener Weißwein
1 Zwiebel, geschält und klein gewürfelt
400 ml passierte Tomaten *(passata)*
1–2 Peperoncini
80 g *Pecorino romano*, frisch gerieben

Einen großen Topf zu drei Vierteln mit Wasser füllen, das Wasser aufkochen lassen und dann salzen. Die Pasta hineingeben und nach Packungsanleitung al dente kochen.

Den Speck in kleine Stücke schneiden und mit einigen Tropfen Olivenöl in einer Pfanne knusprig braten; mit dem Weißwein ablöschen. Den Speck aus der Pfanne nehmen, die Zwiebel hineingeben und kurz anschwitzen. Die Tomaten, die zerbröselten Peperoncini und den Speck hinzufügen und etwas einkochen lassen.

Die Pasta abseihen, zur Sauce in die Pfanne geben und gut untermischen. Das Gericht mit Salz abschmecken und drei Viertel des Pecorinos unterheben. Auf Tellern anrichten und mit dem restlichen Pecorino bestreuen.

Notizia Da diese Speise in Amatrice erfunden wurde, einem kleinen Ort an der Grenze zu den Abruzzen, der als die Stadt der Spaghetti gilt, streitet man selbstverständlich darüber, ob das Originalrezept mit Spaghetti oder Bucatini zubereitet wird. Auch über Zwiebel oder Nicht-Zwiebel könnte man sich streiten … wenn man wollte.

Abbinamento consigliato Rosso Eminenza von Casale Marchese

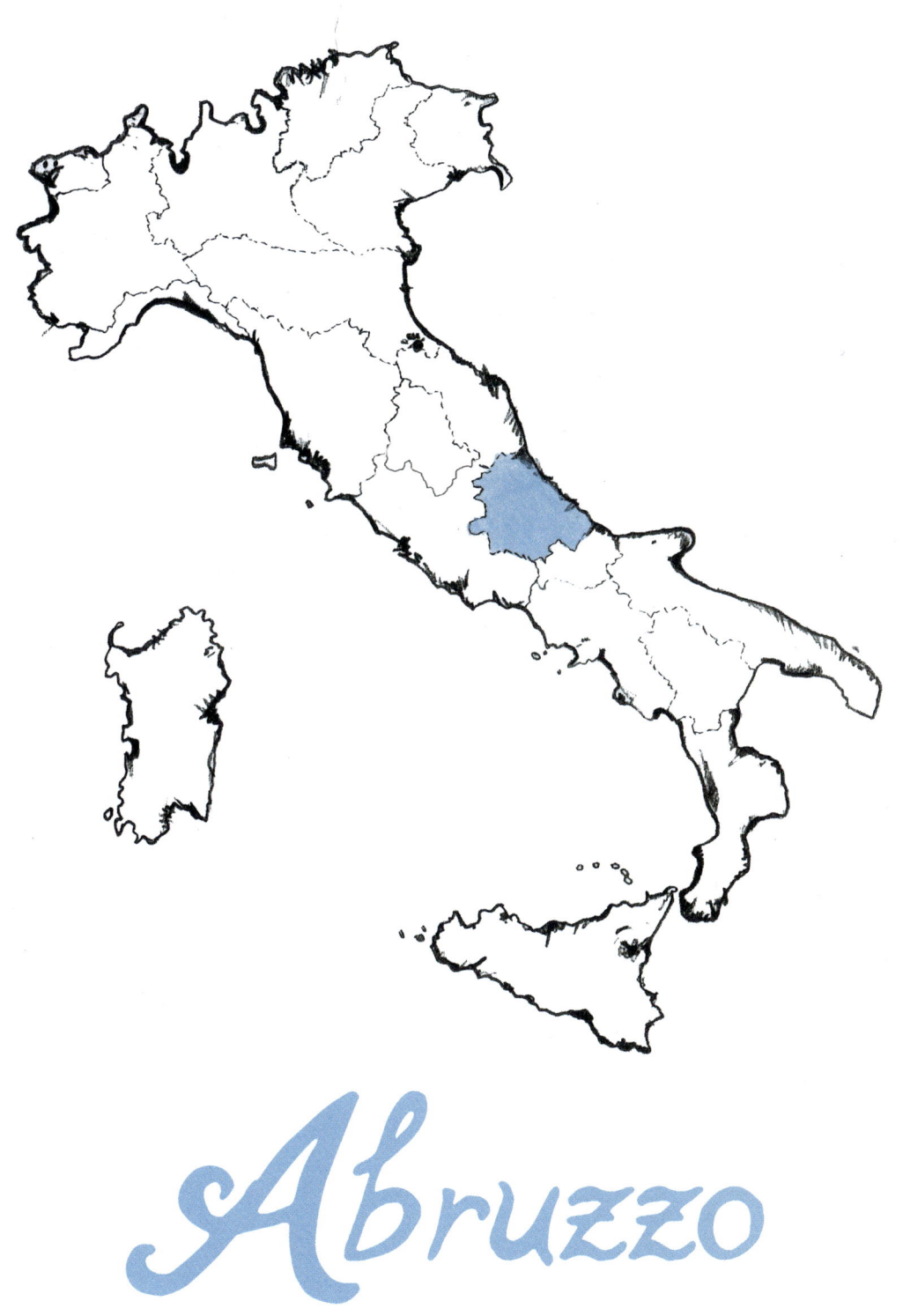

Abruzzo

Von Foodbloggern und sanftem Tourismus – zu Besuch bei Marianna Colantoni

Foodbloggerin | Digital Consultant & Social Media Specialist

L'Aquila (AQ), Italia

L'Aquila, terremoto, Foodblogger, la macchiarola, Taste Abruzzo, Sulmona, confetti, Casale Centurione, chitarrine, fiadoni, Parco Nazionale del Gran Sasso d'Italia, Santo Stefano di Sessanio, albergo diffuso, Calascio, Rifugio della Rocca

Ich hatte mal eine Website, aber Google hat sie einfach unsichtbar gemacht. Google mag nämlich kein Flash. Die einzige Website, die ich nun habe, ist ein Blog. Und weil es ein Blog ist, weiß ich, dass man es füttern muss. Also füttere ich es ab und an mit Blogeinträgen. Das reicht aber nicht, um sich Blogger zu nennen. Denn ein Blog ist hungrig und muss, wenn nicht täglich, dann schon wöchentlich gefüttert werden – endlos. Ein Blog hat nämlich einen Anfang, aber kein Ende. Ein Buch hat einen Anfang und ein Ende. Ich schreibe lieber Bücher, denn ein fehlendes Ende überfordert mich. Deshalb bin ich sehr gespannt darauf, die Foodbloggerin Marianna Colantoni kennenzulernen, um zu erfahren, wie man das zeitlich und nervlich schafft, ohne ein absehbares Ende so viel Futter für ein hungriges Blog zu besorgen. Aber nicht nur das will ich erfahren, sondern mich interessiert auch alles über ihre Heimat, über die sie nicht nur in ihrem Blog La Macchiarola (www.lamacchiarola.it) schreibt, sondern auch in ihrem Gemeinschaftsblog Taste Abruzzo (www.tastefromabruzzo.com), das sie mit zwei weiteren Foodbloggern aus L'Aquila führt, und an dem viele weitere Gastschreiber mit Einträgen über das Essen und die Kultur in den Abruzzen beteiligt sind.

Zunächst treffe ich Marianna in Sulmona, der Stadt der *confetti* (das sind dragierte Mandeln, die in Italien bei allen besonderen Ereignissen – Hochzeit, Taufe, Geburt etc. – an die Gäste verschenkt werden). Hier hat mir Marianna ein B&B empfohlen, obwohl sie selbst gar nicht hier wohnt. Wir treffen uns am sehr belebten Corso Ovidio und fahren direkt weiter zu Giulia Scappaticcio nach Manoppello. Giulia ist eine Freundin von Marianna, die aus Rom stammt und hier nun ein »Country House« mit dem Namen Casale Centurione mit der Familie ihres abruzzesischen Mannes führt.

Auf dem Weg nach Manoppello stelle ich Marianna keine Fragen zu ihrem Leben als Foodbloggerin, sondern erkundige mich nach dem verheerenden Erdbeben im Jahr 2009, das über 300 Tote forderte und viele Menschen obdachlos und heimatlos machte. Marianna befand sich an diesem Tag in L'Aquila. Während sie fährt, erzählt sie mir detailliert, wie das Erdbeben kam, was es anrichtete und was es mitnahm. Auch Freundinnen von ihr starben. Sie bleibt gefasst, während ich mit den Tränen kämpfe. »Das ist die Macht der Natur. Menschen bilden sich ein, dass sie stärker sind. Das sind sie aber nicht. Als Mensch muss man das akzeptieren.« Ein paar Tage später besuche ich mit Marianna L'Aquila und beziehe dort für eine Nacht ein Zimmer in dem B&B Lo Studio von Grazia. Grazia ist eine junge Frau, die das immer noch zerstörte L'Aquila nicht verlässt, sondern wie viele andere junge Italiener versucht, ihr Land durch das Bleiben und Arbeiten dort wieder aufzubauen.

Marianna zeigt mir aber auch die andere, faszinierende Seite dieser Natur in den Abruzzen. Wir fahren zu ihrem Lieblingsort, zum Parco Nazionale del Gran Sasso d'Italia. Trotz des Bergmassivs gibt es hier eine ungewöhnliche, beeindruckende Weite. Ich bin sprachlos. Alles ist weit, wild und mächtig. Dieser Ort erinnert überhaupt nicht an so viele andere Gegenden in Italien. Auch die kleinen *borghi* (Dörfer) sind häufig so restauriert, dass sie wie Filmkulissen aussehen. Wir fahren nach Santo Stefano di Sessanio, eines der schönsten Dörfer Italiens, und nach Calascio, wo Freunde von Marianna das »Rifugio della Rocca« – ein Restaurant mit Gästezimmern – betreiben. Wir setzen uns nach draußen, und ich bereite alles für unser gemeinsames Foto vor. Da spaziert uns ein Straßenhund ins Bild. Farblich passend zum Hintergrund. Er schaut uns an, und wir verstehen ihn sofort: Wir holen Futter – er hat Hunger ohne Ende. Und da fällt mir auf, dass ich Marianna gar nicht nach ihrem Leben als Foodbloggerin gefragt habe.

Santo Stefano di Sessanio

Zu einem der schönsten Dörfer Italiens wurde auch das 27 km östlich von L'Aquila und 1250 m hoch gelegene kleine Dorf Santo Stefano di Sessanio. Auf die Liste der von der Vereinigung »I borghi più belli d'Italia« auserwählten *borghi* kommen nur Dörfer, die von kulturhistorischem Wert sind. Orte, die den Besuchern aufgrund historischer Überlieferungen die Kultur der Bewohner und des Ortes näher bringen. Von daher ist es wichtig, dass diese Orte von der zerstörerischen Kraft des Massentourismus verschont bleiben. Der neue Trend, der zum Ziel hat, nicht den Ort zur Anpassung an den Tourismus zu zwingen, sondern den Reisenden zur Anpassung an den Ort aufzufordern, wird in Italien begeistert aufgenommen. Ich finde auch: Wer in ein anderes Land reist, sollte dieses Land kennenlernen und mit dem Ort eins werden.

Aus dieser Idee heraus sind nicht nur die *agriturismi*, sondern auch das Konzept der *alberghi diffusi* entstanden. Der Sinn eines *agriturismo* besteht darin, Bauernhöfe und die dort hergestellten Produkte durch Tourismus am Leben zu halten. Deshalb darf sich ein Bauernhof nur dann *agriturismo* nennen, wenn der Hof auch etwas produziert und die Waren dem Tourist anbietet, der mit der Bauernfamilie dort für kurze Zeit lebt. Ein *albergo diffuso* dagegen ist ein Hotel, das seine Zimmer im Dorf »verstreut« hat. Jedoch befinden sich diese Räume nicht in Neubauten, sondern es sind Zimmer, die es schon gab und die im Stil des Dorfes rekonstruiert und restauriert wurden. Der Tourist wird somit Bewohner des Dorfes. Er soll nicht außerhalb der Gemeinde in einem Touristendorf leben, sondern sich integrieren und Teil der Gemeinschaft werden. Dadurch werden auch Neubauten für den Tourismus, die den Ort in den meisten Fällen verunstalten, gemieden. Die Touristen im Gegenzug erleben ein ganz anderes Gefühl der Zugehörigkeit, und sie schonen und fördern gleichzeitig ein Dorf mit kulturhistorischem Wert, das ohne diese Form des Tourismus vielleicht dem Verfall preisgegeben würde.

In Santo Stefano di Sessanio gibt es einen solchen *albergo diffuso* mit dem Namen »Sextantio«. Der Luxus dieser Zimmer ist der Minimalismus, der eine fast sakrale Stimmung erzeugt und an Genialität kaum zu überbieten ist. Dahinter steht der italienisch-schwedische Daniele Kihlgren, Philosoph, Lebenskünstler und Sohn einer italienischen Industriellenfamilie aus Bergamo. Im Jahr 1999 fuhr Daniele mit seiner Honda 400 orientierungslos und ohne Ziel durch Italien. In den Abruzzen durchquerte er das halb verlassene und recht verfallene antike Dorf Santo Stefano di Sessanio und war sofort von der Idee besessen, dieses Dorf zu retten – nicht indem er alles neu aufbaute, sondern indem er das Alte renovierte und bewahrte, mit all seinen Spuren aus der Vergangenheit. Ihm ging es um den Respekt vor der Kultur der Dorfbewohner, die als Hirten der Transhumanz immer bescheiden und einfach gelebt haben. Seitdem gilt Daniele Kihlgren als der geniale Vagabund und Retter historischer Dörfer, der sich von mal zu mal selbst übertrifft. Sein zweites Wunderwerk in Matera in der Basilikata macht sprachlos und gleicht fast schon einem Heiligtum.

Abruzzo

Chitarrina con pesto di zucchine

Chitarrina mit Zucchinipesto
von Marianna Colantoni

Für 4 Personen
Zubereitungszeit 30 Minuten, plus 30 Minuten Ruhezeit

Für die Pasta
200 g Mehl (Tipo 0 oder Type 550), eventuell etwas mehr
100 g Hartweizenmehl | 3 Eier
2 EL Olivenöl extra vergine | Salz

Für den Zucchinipesto
200 g Zucchini, Stiel- und Blütenansatz entfernt
2 g Salz | 30 g Pinienkerne
je 30 g Parmesan und Pecorino, frisch gerieben
125 ml Olivenöl extra vergine
10 g Basilikum

Notizia Wir haben *Chitarrina* in »weiß« gegessen, mit Zucchinipesto, traditionell wird sie mit Fleischsauce gereicht.

Abbinamento consigliato Trebbiano d'Abruzzo (Azienda Agricola Emidio Pepe)

Das Mehl auf die Arbeitsplatte häufen. In der Mitte eine Mulde bilden und die Eier, das Olivenöl und etwas Salz hineingeben. Alles von innen nach außen zu einem kompakten Teig verkneten, nach Bedarf mehr oder weniger Mehl einarbeiten. Den Teig mit einem Leinentuch abdecken und 30 Minuten ruhen lassen.

Für den Pesto, die Zucchini grob reiben, in ein Sieb geben, salzen und einige Minuten entwässern. Die Raspel ausdrücken und mit den Pinienkernen, dem Käse und einem Teil des Olivenöls ganz kurz mixen. Das restliche Olivenöl und Basilikum dazugeben und alles fein pürieren.

Den Teig mit dem Nudelholz mehr oder weniger dünn ausrollen – je nachdem, ob die Chitarrine rustikal oder fein werden sollen. Wenn Sie einen Chitarra-Schneider besitzen, den Teig in der Breite der Chitarra ausrollen, die Pastaplatte darauflegen und mit dem Nudelholz darüberrollen, sodass die Drähte sie in dünne Streifen schneiden. Wenn Sie keine Chitarra besitzen, die Pasta per Hand schneiden. Die Chitarrine in kochendem, gesalzenem Wasser al dente kochen, abseihen, den Zucchinipesto dazugeben und servieren.

Pallotte cace e ov'

Eier-Käse-Bällchen in Tomatensauce
von Marianna Colantoni

Für 6 Personen
Zubereitungszeit 35 Minuten

Für die Eier-Käse-Bällchen
250 g altbackenes Brot
4 Eier
Salz
frisch gemahlener schwarzer Pfeffer
400 g halbreifer Pecorino, frisch gerieben
50 g Semmelbrösel
Öl zum Frittieren

Für die *salsa al pomodoro*
Olivenöl extra vergine
1 Knoblauchzehe, geschält (vorzugsweise roter Knoblauch aus Sulmona)
400 g passierte Tomaten *(passata)*
Salz

Das Brot entrinden, in Wasser einweichen und dann mit den Händen gut ausdrücken. In einer großen Schüssel die Eier mit etwas Salz (nicht zu viel, da der Käse bereits salzig ist) und Pfeffer verquirlen. Den Pecorino dazugeben und mit den Händen unterkneten. So viel Brot dazugeben, bis der Teig nicht mehr weich und klebrig ist. Sollte er dennoch zu weich sein, noch etwas Semmelbrösel hinzufügen. Mit den Händen mittelgroße Bällchen formen, diese in Semmelbröseln wenden und in heißem Olivenöl goldbraun frittieren. Die Bällchen herausnehmen und auf Küchenpapier abtropfen lassen.

Für die Sauce in einer Pfanne 2 EL Olivenöl erhitzen. Die Knoblauchzehe darin erwärmen, dann herausnehmen. Die passierten Tomaten in die Pfanne geben, salzen und etwas einkochen lassen. Die Pfanne vom Herd nehmen, die Käsebällchen in die Sauce legen und vor dem Servieren etwas darin ziehen lassen.

Notizia Dieses Rezept ist eine Erfindung der Hirten, die während der *transumanza* – ihrer Wanderung mit der Herde von den Weiden der Abruzzen zu den Weiden Apuliens – nur wenig Nahrung bei sich hatten, unter anderem Pecorino und Brot, das mit den Tagen trocken wurde. In seiner ursprünglichen Version ist das Wenden in Semmelbröseln nicht vorgesehen – es kann weggelassen werden.

Abbinamento consigliato »Auf jeden Fall einen guten biologischen Cerasuolo, ein typischer Wein aus den Abruzzen aus Montepulciano-Trauben, der weißgekeltert wird.« Mariana bevorzugt Cerasuolo Suffonte (Azienda Agricola Ludovico), Cerasuolo Cirelli (Azienda Agricola Cirelli) und Cerasuolo De Fermo (Azienda Agricola De Fermo).

Fiadoni

Käsegebäck
von Marianna Colantoni

Für 4 Personen
Zubereitungszeit 35 Minuten,
plus 20–30 Minuten Ruhezeit, plus 20 Minuten Backzeit

Für den Teig
200 g Mehl (Tipo 00 oder Type 405)
2 Eier
1 EL Olivenöl extra vergine
1 Prise Salz
1 Ei zum Bestreichen

Für die Füllung
150 g reifer Pecorino oder *formaggio rigatino abruzzese*, frisch gerieben
50 g Parmesan, frisch gerieben | 1 Ei

Für die *salsa al pomodoro*
frisch gemahlener schwarzer Pfeffer (nach Belieben)

Das Mehl auf die Arbeitsplatte häufen und in der Mitte eine Mulde bilden. Die Eier, das Olivenöl und das Salz hineingeben, mit einer Gabel verrühren und dann mit den Händen unterkneten, bis ein homogener, glatter Teig entsteht. Den Teig zu einer Kugel formen und an einem kühlen, trockenen Ort 20–30 Minuten abgedeckt ruhen lassen.

Für die Füllung alle Zutaten gut miteinander vermischen, sodass eine weiche Paste entsteht. Den Backofen auf 180 °C vorheizen.

Mit einer Nudelmaschine oder mit dem Nudelholz den Teig zu dünnen, etwa 15 cm breiten Bändern ausrollen. Große Esslöffel voll Füllung mit einem Abstand von 6–7 cm entlang einer Seite der Teigbahnen auftragen. Die Teigränder leicht anfeuchten und jeweils die andere Seite der Teigbahn darüberklappen. Die Vertiefungen zwischen den einzelnen Füllungen mit den Fingern leicht eindrücken. Mit einem gezahnten Teigrad Halbmonde ausschneiden, diese auf ein mit Backpapier belegtes Backblech legen, die Teigränder noch einmal fest zusammendrücken und mit einer Schere einmal oben in jede Teigtasche schneiden. Die Taschen mit verquirltem Ei bepinseln und in 20 Minuten im Ofen goldbraun backen.

Notizia Ostern in den Abruzzen bedeutet *fiadoni*! Rustikal und mit Käse gefüllt, werden sie mit der *pizza dolce*, gekochten Eiern und *cicolana di carne*, einer Art Schweinesalami, zum Osterfrühstück gereicht oder zusammen mit dem Antipasto am Ostersonntag serviert. Speziell in der Stadt Aquila gibt man in die Füllung noch *cicolana di carne*. Neben der salzigen Variante gibt es auch eine süße Variation mit Ricotta.

Abbinamento consigliato Cerasuolo oder Montepulciano d'Abruzzo

Ferratelle

Eisenwaffeln
von Marianna Colantoni

Für 8 Personen
Zubereitungszeit 40 Minuten

6 Eier
12 EL Zucker
12 EL Olivenöl extra vergine
2 EL Limoncello oder abgeriebene Schale
   von 1 unbehandelten Zitrone
500 g Mehl (Tipo 00)
Puderzucker
Konfitüre (nach Belieben)

In einer Schüssel die Eier, den Zucker, das Olivenöl und den Limoncello oder die Zitronenschale verrühren. Nach und nach das Mehl hineinsieben und gut unterrühren. Der Teig sollte nicht zu dünnflüssig sein, sondern eher einer dickflüssigen Creme ähneln.

Ein Waffeleisen mit etwas Olivenöl oder mit einer Speckschwarte einreiben, auf den Herd stellen und erhitzen. Wenn das Waffeleisen heiß ist, die Temperatur verringern. Einen großen Esslöffel voll Teig in die Mitte des Eisens geben, mit dem Löffel gleichmäßig auf der Eisenfläche verteilen und goldbraun backen. Dann wenden und die andere Seite ebenfalls goldbraun backen.

Die Waffeln mit Puderzucker servieren oder mit Konfitüre füllen, beispielsweise mit *scrocchiata*, einer abruzzischen Traubenkonfitüre aus Montepulciano-Trauben.

Notizia Die Tradition besagt, dass das Backen durch das Rezitieren eines Ave-Maria begleitet wird. Für jede Seite betet man ein Ave-Maria und hat somit die genaue Backzeit. In den Abruzzen wird hierfür ein spezielles Waffeleisen verwendet, das auf dem Herd erhitzt wird. Man kann die Waffeln aber auch in einem elektrischen Waffeleisen backen. Sie werden dann allerdings weicher.

Molise

Von Käse, Gold und Glocken – zu Besuch bei Familie di Nucci

Caseificio Di Nucci Antonio | Latteria dal 1662
AGNONE (IS) Italia

Isernia, Agnone, caciocavallo stagionato extra, World Cheese Award, supergold, Capracotta, Campane Marinelli, pastori transumanti, diario, Massaro Giovanni Di Nucci, la transumanza, scamorza, pasta filata, stracciata, a cavallo, Piazza Plebiscito

Am Corso Giuseppe Garibaldi 147 im historischen Zentrum von Agnone beziehe ich mein Zimmer im B&B »Il Baglivo«. Da zurzeit außer mir keine weiteren Gäste da sind, habe ich nicht nur die große idyllische Terrasse mit Panoramablick für mich alleine, sondern auch die Küche, die Waschküche, das Wohnzimmer mit Kamin und alle weiteren Gästezimmer. Zum Frühstücken spaziere ich morgens zur Piazza Plebiscito ins caffè »Letterario«. Dort arbeitet Ilenia, eine Freundin von Serena di Nucci. Serena, die mir meine Unterkunft ausgesucht und mich vom Bahnhof von Isernia abgeholt hat, ist die älteste Tochter von Rosetta Saia und Franco Di Nucci. Serena ist zwar die älteste von drei Kindern, aber deswegen noch lange nicht alt. Mit ihren 27 Jahren ist sie die jüngste Mitarbeiterin einer alteingesessenen Familie von Hirten und Käsemachern aus Capracotta, einer der höchsten Berggemeinden des Apennins mit einer langen Tradition in der Wanderweidewirtschaft, der sogenannten Transhumanz. Die Transhumanz war die Wanderschäferei der Hirten durch verschiedene Regionen auf der Suche nach Weideland. Wenn im Oktober die Kälte einsetzte, wanderten die Hirten mit ihren Schafen aus den Bergregionen Abruzzen, Molise, Kampanien und Basilikata in Richtung der Ebene von Apulien und bei den ersten warmen Sonnenstrahlen im Mai kehrten sie wieder zurück zu den Almen in den Bergen.

Serenas Großeltern Ida und Antonio Di Nucci wanderten in den 50er-Jahren ebenfalls, und zwar von Capracotta nach Agnone. Sie kehrten jedoch nicht zurück, sondern ließen sich in der Stadt der Glocken nieder und eröffneten 1962 die Käserei »Di Nucci«, die seitdem Käseprodukte in der Tradition der Hirten aus der Zeit der Wanderweidewirtschaft herstellt. Ein Jahr später, 1963, wurde Molise als die 20ste Region Italiens geboren.

Antonio, Serenas Opa, ist mit seinen 90 Jahren nun der älteste in ihrer Familie und mittlerweile der einzige, der »nur« Käsemacher ist. Auch wenn das Wissen um die Käseherstellung seit Generationen von Vater zu Sohn und nun auch von Vater zu Tochter weitergegeben wird, erweitert die junge Generation handwerklich orientierter Lebensmittelhersteller ihr Wissen auch außerhalb der eigenen Familie, beispielsweise durch ein Zusatzstudium. Serena hat in der UNISG in Pollenzo Marketing und Kommunikation studiert, und das jüngste Familienmitglied, Francesco, studiert Lebensmitteltechnologie in Campobasso. Manche von ihnen studieren aber auch etwas ganz anderes, um am Ende dann doch wieder zu den Wurzeln ihrer Familie zurückzukehren: Franco, der Sohn von Antonio und Serenas Vater, ist *dottore* in Philosophie und Geschichte. Sein Studium verschaffte ihm Einblicke in die Geschichte seiner Heimat, der Menschen und damit auch der Historie seines Großvaters, Massaro Giovanni Di Nucci, bevor er zurückkehrte. Denn sein Opa, der 1880 geboren wurde, schrieb zu Lebzeiten ein Tagebuch, das mittlerweile zum geistigen Staatseigentum gehört, da er darin sehr ausführlich den Alltag der Hirten beschreibt. In seinem Vorwort, das er seinen Nachfahren gewidmet hat, schreibt er: »Damit sie die Welt von früher und damit die von heute verstehen.« Franco Di Nucci könnte stundenlang von seinem Opa erzählen und aus diesem Tagebuch vorlesen. Ihm zu Ehren, aber auch weil er die Kultur der Käsemacher und die Geschichte seiner Vorfahren bewahren möchte, ist der Käserei ein Museum angegliedert, das den Namen des Opas trägt. »Wir sind eine Familie, die Käse, aber auch Kultur produziert«, erklärt Franco.

Antonia, die mittlere der drei Kinder, studiert in Rom Kunstgeschichte. Ich bin sehr gespannt, ob auch sie eines Tages zurückkehren wird.

Wie man aus Käse Gold macht

Seit mehr als 50 Jahren stellt die Familie Di Nucci in ihrer Käserei in Agnone Käse in der Tradition der *pastori trasumanti* (Hirten der Transhumanz) her. Dabei handelt es sich überwiegend um Erzeugnisse aus *pasta filata*. *Pasta filata* bedeutet, den Käsebruch zu Strängen auszuziehen. Aus ihm werden dann Mozzarella, oder wie er hier in Molise heißt *stracciata* hergestellt, aber auch Scamorza, Provolone und natürlich der Caciocavallo, der den Di Nuccis unbeabsichtigt Gold bescherte.

Der Caciocavallo ist der Käse mit der archaischsten Herstellungsart aus Süditalien. Auch wenn das Wort *cavallo* Pferd bedeutet, hat der Käse absolut nichts mit Pferden zu tun. Er erhält seinen Namen durch die Art, wie er zum Trocknen und Reifen aufgehängt wird. Im Italienischen heißt *a cavallo* rittlings. Die Käselaibe, die birnenförmig und mit einem kleinen Kopf geformt sind, werden als Paar zusammengebunden und *a cavallo* – wie ein Sattel – über eine Stange gehängt. Der Caciocavallo wird also nicht über Pferde gehangen oder von Pferden getragen, wie manch einer glaubt. Durch seine runde Form und das Aufhängen, muss der Käse nicht ständig gewendet und gedreht werden, und kann ungestört trocknen und reifen. Diese Art der Trocknung funktioniert allerdings nur bei *pasta filata*. Rittlings auf der Stange verweilen die Caciocavalli dann mindestens zwei Monate. Verweilt ein Käse länger, bezeichnet man ihn als Caciocavallo *semistagionato* oder *stagionato*. Letzterer zeigt an der Rinde bereits Anzeichen von Schimmel. Wenn er dann noch länger

lagert ... dann möchte ihn eigentlich niemand mehr haben, und er schimmelt einsam vor sich hin. Das passierte den Di Nucci vor einigen Jahren, als alle nur Caciocavallo fresco, den jungen oder den *semistagionato* wollten. Die reifen Caciocavalli fanden einfach keine Abnehmer. Und so lagerten in der Steinhöhle viele Caciocavalli, die mehr und mehr Schimmel ansetzten.

Dann kam ein guter Freund zu Besuch, ein Feinschmecker. Als er von dem verschmähten und sehr reifen Käse hörte, wollte er ihn unbedingt probieren – und war sofort begeistert. Durch das Reifen hatte der Caciocavallo einen sehr komplexen und aromatischen Nachgeschmack ausgebildet. Die Begeisterung des Freundes führte dazu, dass die Familie Di Nucci es im November 2013 wagte, an einem der renommiertesten Käsewettbewerbe, dem World Cheese Award in Birmingham, teilzunehmen. Völlig unerwartet gewann der 24 Monate alte Caciocavallo die Supergold-Auszeichnung unter den 58 besten Käsesorten der Welt. Die Steinhöhle war in kurzer Zeit leer, der reife Käse ausverkauft. Schließlich wurde er so beliebt, dass ihn die Di Nuccis nur noch in Stückchen verkaufen konnten, damit jeder etwas bekam.

Seitdem ist Agnone nicht nur bekannt für seine Glocken – Marinelli in Agnone ist eine der ältesten Glockengießereien der Welt –, sondern auch wegen des Caciocavallo stagionato EXTRA, einem der ältesten Caciocavalli der Welt.

Zuppa alla Santè

Hühnersuppe mit Brot, Fleischbällchen und Caciocavallo
von Rosetta Saia

Für 10 Personen
Zubereitungszeit 2 Stunden, plus 3–4 Stunden Kochzeit

Für die Brühe
1 küchenfertiges Freilandhuhn à etwa 1,5 kg
1 Bund Petersilie
20 g Salz

Für die Crostini
10 Scheiben Bauernbrot
6 Eier, verquirlt

Für die Fleischbällchen
300 g Kalbshackfleisch
1 Ei
15 g Parmigiano Reggiano, frisch gerieben
7 g Salz

Für die Käsebällchen
150 g reifer Caciocavallo, frisch gerieben
1 Ei
20 g Mehl
15 g Parmigiano Reggiano, frisch gerieben

Zum Servieren
250 g reifer Caciocavallo
Olivenöl

Für die Brühe alle Zutaten mit 6 l Wasser in einen großen Topf geben und bei niedriger Temperatur 3–4 Stunden kochen. Dann durch ein Sieb gießen und warm halten.

Für die Crostini, das Brot in den Eiern wenden und auf beiden Seiten anbraten oder im Ofen rösten. In etwa 1 cm große Würfel schneiden.

Für die Fleischbällchen alle Zutaten miteinander gut verkneten, zu 1 cm großen Bällchen formen und in etwas Brühe in 3–5 Minuten gar kochen. Die Fleischbällchen aus der Brühe nehmen, abtropfen lassen und die verwendete Brühe weggießen.

Für die Käsebällchen alle Zutaten gut verkneten, zu 1 cm großen Bällchen formen und in heißem Olivenöl anbraten oder nach Belieben ebenfalls in Brühe gar kochen. Den restlichen Caciocavallo in 1 cm große Würfel schneiden.

Brot- und Käsewürfel sowie Fleisch- und Käsebällchen in eine große Suppenschüssel legen, mit der Brühe auffüllen und ein paar Minuten ruhen lassen. Die Suppe darf nicht gerührt werden! Die Suppe in Teller schöpfen, dabei darauf achten, dass man mit der Kelle nach unten geht, damit man die Suppenbeilagen erreicht. Vor dem Servieren noch mit etwas Olivenöl beträufeln.

Notizia *Zuppa alla Santè* oder *Zuppa alla Santella* leitet sich vermutlich von der französischen *soupe à la santé* ab. Diese soll für die Königin Giovanna II erfunden worden sein, als sie mit ihrem Gefolge in Molise zu Besuch war. Die Basis dieser Suppe war eine französische Consommé, die dann mit Zutaten aus der Region von Molise angereichert wurde. Auch heute noch wird diese Suppe auf dem Land *Zuppa della Regina*, Suppe der Königin, genannt.

Abbinamento consigliato Falanghina Di Majo Norante

Molise

214

Mostaccioli

Weihnachtsspeise
von Rosetta Saia

Für 70 Stück
Zubereitungszeit 45 Minuten, plus 15 Minuten Backzeit

500 g Mehl (Tipo 00 oder Type 405)
3 Eier | 150 g flüssiger Honig
150 g gehackte Mandelkerne
150 g Zucker | 75 g ungesüßtes Kakaopulver
100 ml Sonnenblumenöl | 1 TL Natron
abgeriebene Schale von 1 unbehandelten Orange
abgeriebene Schale von 1 unbehandelten Mandarine
1 EL Zimt | 1 Msp. gemahlene Gewürznelken
1 Glas Amarenakirschkonfitüre
500 g dunkle Schokoladenglasur

Das Mehl auf die Arbeitsplatte häufen, in der Mitte eine Mulde bilden und die Eier, den Honig, die Mandeln, den Zucker, den Kakao, das Öl, das Natron, die Zitrusschalen, den Zimt und die Gewürznelke hineingeben. Alles gut verkneten und zu einem glatten und homogenen Teig verarbeiten. Den Teig zu einer Kugel formen, ein Stück davon abnehmen und mit dem Nudelholz zu einer 6 cm breiten und ½ cm dicken Bahn (Länge nach Belieben) ausrollen. Mit einem Teelöffel Amarenakonfitüre im Abstand von 3 cm auf die Teigbahn geben und diese mit einer zweiten Teigbahn in der gleichen Breite, Dicke und Länge bedecken.

Den Backofen auf 190 °C vorheizen. Die *mostaccioli* in etwa 5 cm breite Rauten schneiden, auf ein mit Backpapier belegtes Backblech legen und 15 Minuten backen; abkühlen lassen. Die Glasur in einem Wasserbad schmelzen. Die *mostaccioli* damit überziehen und vollständig trocknen lassen.

Notizia Jede Familie in Agnone hat ihr eigenes Rezept und jede Frau aus Agnone bringt diese *dolci* ihren Liebsten zu Weihnachten mit.

Abbinamento consigliato Apianae Moscato Reale del Molise DOC, Cantine di Majo Norante

Cosciotto di agnello imbottito

Gefüllte Lammkeule
von Rosetta Saia

Für 4 Personen
Zubereitungszeit 30 Minuten, plus 2 Stunden Kochzeit

1 Handvoll glatte Petersilie
4 Knoblauchzehen, geschält
150 g Schinkenspeck
Salz
1,5–2 kg entbeinte Lammkeule ohne Fett
Olivenöl extra vergine
200 ml Weißwein

Die Petersilie waschen, trocken schütteln und zusammen mit zwei Knoblauchzehen und dem Schinkenspeck klein hacken und salzen. Die Lammkeule rundherum an mehreren Stellen mit kleinen Schnitten versehen, diese mit der Petersilien-Speck-Paste füllen und mit Garn oder Zahnstochern wieder verschließen.

Etwas Olivenöl und zwei Knoblauchzehen in einem Topf erhitzen. Die Lammkeule hineinlegen und von allen Seiten anbräunen. Dann das Fleisch 2 Stunden bei geringer Temperatur schmoren lassen. Den Wein mit 500 ml Wasser mischen und die Lammkeule während des Schmorens damit regelmäßig übergießen; eventuell wird noch etwas mehr benötigt.

Die Keule vom Herd nehmen, vom Garn oder den Zahnstochern befreien und in 2 cm dicke Scheiben schneiden. Das Fleisch auf Tellern anrichten und mit der Sauce servieren. Sehr gut passen dazu ein grüner Salat und Ofenkartoffeln.

Notizia Die Lammkeule kann auch im Ofen bei 180 °C gegart werden. Auch hier muss die Keule 2 Stunden schmoren und immer wieder mit Weißwein und Wasser übergossen werden.

Abbinamento consigliato Sator, Tintilia del Molise (Azienda Agricola Cianfagna)

Cicoria ricamata (verdura con stracciatella di uovo in brodo di gallina)

Zichorie in Hühnerbrühe mit Einlage
von Rosetta Saia

Für 10 Personen
Zubereitungszeit 40 Minuten

1,5 kg Zichorie (Gemeine Wegwarte; ersatzweise Löwenzahn oder anderes Wildgemüse)
3 l selbst gemachte Hühnerbrühe (siehe Seite 212; ersatzweise fertige Hühnerbrühe)
4 Eier
100 g Schafs- oder Kuhmilchkäse, frisch gerieben
30 g Salz
geröstetes Brot zum Servieren

Die Zichorie waschen und in Salzwasser einmal aufkochen lassen. Das Wasser abgießen und das Gemüse ausdrücken, um Bitterstoffe zu entfernen. Die Zichorie kleinschneiden.

Die Hühnerbrühe in einem großen Topf zum Kochen bringen und die Zichorie darin etwa 15 Minuten garen. Die Eier mit dem Käse verquirlen, salzen und langsam in die Suppe geben, dabei sanft rühren, bis die Eier zu stocken beginnen und sich eine Art Muster (*ricamo* = Stickerei) bildet, dessen goldgelbe Farbe sich vom dunkelgrünen Hintergrund der Suppe abhebt. Die Suppe in Teller schöpfen und mit geröstetem Brot servieren.

Notizia In Brühe gekochtes und mit Ei und Käse, *cacio e ova*, verfeinertes Wildgemüse ist in Molise ein weit verbreitetes Ritual zur Oster- und Weihnachtszeit. Zichorie ist Ostern die Basiszutat, und die Brühen werden vor allem zu Ostern nur aus Hühnerfleisch zubereitet. Dieses Rezept ist notariell beglaubigt und liegt bei der Delegazione di Isernia dell'AIC vor.

Abbinamento consigliato Voira, Terre degli Osci IGP, 100 % Falanghina (Cantina Cipressi)

Campania

Von Pizzabäckern und wahren *pizzajuoli* – zu Besuch bei Enzo Coccia

Maestro pizzaiolo napoletano | Pizza Consulting

Napoli (NA), Italia

Pizza, Enzo, pizzajuolo, pizzaria, la Pizza Napoletana S.T.G., Pizza Marinara, Pizza Margherita, Festa a Vico, costiera sorrentina, Osteria 'E Curti, Vesuvio, 'O Sfizio d' 'a Notizia, Pomodori San Marzano, Mozzarella di Bufala Campana DOP

Von Mailand aus erreiche ich Neapel in nur 4 Stunden 20 Minuten mit der Frecciarossa der italienischen Bahn. Am Bahnhofsvorplatz der Stazione di Napoli Centrale halte ich Ausschau nach Emanuele. Das erweist sich allerdings als etwas schwierig, da ich schon nach wenigen Sekunden von Krawatten- und Plastikspielzeug-Verkäufern umringt werde. Zu meinem Erstaunen akzeptieren die Straßenverkäufer jedoch mein »nein, heute brauche ich mal keine Krawatte« und gehen tatsächlich weiter. Dann klingelt mein Handy, und die Stimme stellt sich als Emanuele vor. Er sagt, ich soll mich nach einem weißen T-Shirt umsehen, und dann erblicke ich ihn. Ich gehe auf ihn zu, wir begrüßen uns, und dann fährt er mich nach Fuorigrotta, wo ich ein Apartment für die nächsten Tage gebucht habe. Emanuele ist einer der mittlerweile 23 Mitarbeiter der beiden »Pizzarie La Notizia« von Enzo Coccia, dem neapolitanischen Pizzabäcker, der der Pizza zu neuem Glanz verholfen hat.

Am frühen Abend mache ich mich zu Fuß auf den Weg zur Stazione Campi Flegrei, um dort die Buslinie 181 zur »Pizzaria La Notizia« zu nehmen, wo ich Enzo Coccia treffen soll. An der *stazione* fahren zwar Busse, aber diese haben keine Anzeigen. Auch an den Haltestellen finde ich keine Fahrpläne und im Infohaus sehe ich keine Mitarbeiter. Ein Bus steht allein und verlassen mit offenen Türen an einer Haltestelle. Außer einer Frau sind noch ein paar Tauben eingestiegen. Ich frage die Frau, ob sie wüsste, ob dies die Linie 181 ist. »Vielleicht«, sagt sie. Der Vesuv ist auch nicht so kommunikativ wie der Ätna, also frage ich sie: »Ist das hier immer so?« Diesmal antwortet sie nicht, sondern gibt mir nur wortlos zu verstehen, wie genervt sie schon von mir ist. Und »vielleicht«, denke ich, »ist genau das jetzt Neapel«.

Später erreiche ich dann tatsächlich mit dem Bus eine der beiden *pizzarie* von Enzo Coccia. Wir treffen uns in der »traditionellen« *pizzaria* mit den traditionellen *pizze*. Die andere ist die »innovative« *pizzaria* mit eigensinnigen Kreationen, besonderen Weinen und handwerklich gebrautem Bier. Halbe Stühle und viele Notizen hängen in beiden Restaurants an den Wänden.

Ich bekomme einen Tisch ganz in der Ecke der *pizzaria*, um alles gut überblicken zu können. Enzo setzt sich zu mir. Am 25. Juni 1994 eröffnete er seine erste *pizzaria*, aber bereits seit 36 Jahren arbeitet er tagtäglich als *pizzajuolo*, wie man zu einem *pizzaiolo* (Pizzabäcker) auf neapolitanisch sagt. Seine *nonna* besaß schon eine *pizzaria* hinter der Piazza Garibaldi am Hauptbahnhof und immer rief sie ihm zu: »Enzo, geh in die *pizzaria*, geh zu deinem Vater!« Er sollte nach der Schule nicht draußen mit anderen Jugendlichen seine Zeit verbringen, denn das führte nicht immer auf einen guten Weg. Sein Vater Antonio half seiner Mutter, und auch Enzo ging nach der Schule in die *pizzaria* und beobachtete alles. Erst mit 19 Jahren, als er die Schule beendet hatte, arbeitete er selbst als Pizzabäcker in der historischen *pizzaria* der Oma. Vor nunmehr 22 Jahren zog er in das Stadtviertel Vomero und eröffnete dort seine eigene *pizzaria*, in der ich nun vor einer Calzone sitze und ein Mädchen beobachte, das nach zwei *pagnotti* fragt. Ein Mitarbeiter gibt ihr zwei Teigkugeln, und das Mädchen geht. Ich frage Enzo nach diesem Mädchen: »Hat sie die geschenkt bekommen?« »Ja, wir verschenken sowas. Was soll man denn dafür nehmen, etwa 2–3 Euro?« Fast schämt sich Enzo, dass er großzügig ist. »Kommt das oft vor?«, frage ich. »Manchmal, und dann verschenken wir den Teig. Man kann dafür kein Geld nehmen.« Das berührt. Und »vielleicht«, denke ich, »ist genau das jetzt Neapel«.

Die hohe Kunst der einfachen Pizza

Als er seine erste *pizzaria* in einem eher unbekannten Stadtteil von Neapel, der weder zentral, noch historisch, noch am Meer, noch an einer Shoppingmeile lag, eröffnete, war es nicht einfach, Gäste anzuziehen. Enzo entschied sich dazu, anstelle von Werbung einfach gute Pizza zu machen. Er fuhr mit dem Auto herum und suchte nach den besten Tomaten, dem besten Olivenöl und dem besten Mozzarella. Seine Mission war einfach: Das berühmteste Gericht der Welt, das zu sehr billig produziertem Fastfood abgerutscht war, wieder aufzuwerten. Nicht nur die Zutaten wählte er gezielt und sehr sorgfältig aus, sondern er übernahm auch die antike Bezeichnung »Pizzaria« anstelle von »Pizzeria« und bot, so wie es früher üblich war, nur Pizza an. Keine Antipasti, keine *dolci*, keine *secondi*. *Pizzarie*, die nur Pizza anbieten, gibt es mittlerweile nur noch drei in Neapel.

Bis Anfang des zwanzigsten Jahrhunderts gab es Pizza fast ausschließlich in Neapel. Als die Pizza anfing, sich weltweit zu verbreiten, waren es weniger die neapolitanischen *pizzajuoli*, sondern die italienischen Emigranten, die in der Fremde anfingen, etwas zu verkaufen, das sie an ihre Heimat erinnerte – und das war Pizza. So hat sich außerhalb von Neapel eine Pizza entwickelt, die in den meisten Fällen nichts mehr mit dem wahren Handwerk eines neapolitanischen Pizzabäckers zu tun hat.

Eine Pizza bedeutet nicht einfach, Teig mit etwas zu belegen, sondern sie ist ein »komplexer Vorgang von Teigführung und Fingertechnik«, erklärt Enzo, der nicht nur Unternehmen schult, sondern zusammen mit Mitarbeitern der Universität in Neapel ein wissenschaftliches Buch über »La Pizza Napoletana« geschrieben hat. Hier wird genau beschrieben, wie die wahre Pizza sein soll, beispielsweise nicht größer als 35 cm Durchmesser, der belegte Teig nicht höher als 0,4 cm und der Rand 1–2 cm hoch. Für die beiden berühmtesten *pizze*, Pizza Marinara, die um 1743 erfunden wurde und trotz des Namens keinen Fisch enthält, sondern die Pizza der Fischer war, und Pizza Margherita, die zwischen 1796 und 1810 entstand, ihren Namen aber erst 1889 erhielt, als Königin Margherita zu Besuch in Neapel war, gibt es sogar Angaben hinsichtlich Gewicht und Regeln für den Belag.

In den nächsten Tagen zeigt mir Enzo Coccia nicht nur, wie man Pizza macht, sondern er nimmt mich auch mit nach Sorrent zur *festa a Vico*. Bei diesem jährlich in Vico Equense stattfindenden Event, das von Gennaro Esposito, einem der besten Köche Italiens, ins Leben gerufen wurde, treffen prämierte italienische Köche zusammen. Enzo ist mit frittierten *pizze* dabei. Und diese bereitet er auch einen Tag später bei einem anderen Event in der gemütlichen Küche von Angelina und Assunta, den Besitzern der »Osteria 'E Curti« in Sant'Anastasia am Fuße des Vesuvs, zu. Über 50 Gäste, meist Besitzer bekannter *ristorante*, *trattorie*, *osterie*, *pasticcerie* sowie Produzenten besonderer Spezialitäten sind anwesend. Neben Enzos frittierten *pizze* werden ununterbrochen weitere großartige Speisen herumgereicht und zubereitet.

Und während ich diese Zeilen schreibe, eröffnet Enzo gerade seine dritte *pizzaria*, die »'O Sfizio d' 'a Notizia« heißt – dort gibt es nur frittierte Pizza.

Pizza Citreum (Pizza al Limone)

Pizza mit Zitrone
von Enzo Coccia

Für 8 Personen
Zubereitungszeit 55 Minuten, plus 10–12 Stunden Ruhezeit

Für den Teig
55 g Meersalz
5 g frische Hefe
5 g Zucker
20 ml Olivenöl extra vergine
1700–1800 g Mehl (Caputo, Tipo 00),
    plus etwas zum Verarbeiten

Für den Belag
80 ml Olivenöl extra vergine
320 g Büffelmozzarella (Mozzarella di Bufala Campana DOP)
3–4 unbehandelte Zitronen (vorzugsweise Zitronen
    aus dem Sorrent)
280 g Bresaola (vorzugsweise vom Büffel)
2 Handvoll Basilikumblätter
aromatisiertes Olivenöl extra vergine mit Zitrone
    (vorzugsweise von der Halbinsel von Sorrent)
Meersalz

Für den Teig 1 l lauwarmes Wasser in eine Schüssel geben und das Salz darin auflösen. Anschließend die Hefe ebenfalls darin auflösen. Den Zucker, das Olivenöl und etwa 500 g Mehl dazugeben und mit dem Kneten beginnen, dabei nach und nach das restliche Mehl dazugeben und so lange kneten bis ein kompakter Teig entsteht, das dauert mindestens 20 Minuten. Der Teig sollte weich und glatt sein. Den Teig in der Schüssel lassen, mit einem feuchten Tuch abdecken und 10–12 Stunden bei Zimmertemperatur gehen lassen.

Den Teig mit einem Spatel in acht gleich große Stücke teilen und diese auf der leicht bemehlten Arbeitsfläche mit den Fingerspitzen zu einem runden Fladen ausweiten. Wer Pizzableche benutzen will, kann diese leicht einölen und den Fladen hineinlegen. Die Teigböden vor dem Belegen 10 Minuten ruhen lassen.

Den Backofen auf 250 °C vorheizen.

Die Pizzafladen mit Olivenöl beträufeln und 10 Minuten backen. Aus dem Ofen nehmen, mit Mozzarella belegen, salzen und erneut für etwa 10 Minuten in den Backofen schieben. Inzwischen die Zitronenschale dünn abschälen und in feine Streifen schneiden. Die Pizzen wieder aus dem Backofen nehmen und mit Bresaola, Zitronenschale und etwas Basilikum belegen. Einen Schuss Zitronenöl darüberträufeln und die Pizzen sofort servieren.

Abbinamento consigliato Per Eva (Tenuta S. Francesco)

Pizza Ai 4 PoMoDori

Pizza mit vier Tomatenarten
von Enzo Coccia

Für 8 Personen
Zubereitungszeit 55 Minuten, plus 10–12 Stunden Ruhezeit

1 Portion Pizzateig (Zutaten siehe Seite 225)

Für den Belag
3,5 kg gemischte Tomaten (vorzugsweise *Pomodorini del Piennolo del Vesuvio, Ciliegini di Pachino, Pomodori San Marzano, Pomodori di Paestum*)
Meersalz | 40 ml Olivenöl extra vergine
200 g *Pecorino romano*, frisch gerieben
200 g Büffelmozzarella, in Julienne geschnitten
200 g *fior di latte* (Kuhmilchmozzarella), in Julienne geschnitten
200 g Scamorza, geräuchert, in Julienne geschnitten
200 g Provola (vorzugsweise aus Büffelmilch), in Julienne geschnitten
Basilikumblätter zum Bestreuen

Den Pizzateig wie auf Seite 225 beschrieben zubereiten, ruhen lassen und Fladen daraus formen. Den Backofen auf 250 °C vorheizen.

Die Tomaten waschen und je nach Größe entweder halbieren oder vierteln. Jeweils ein Viertel jeder Pizza mit einer anderen Tomatensorte belegen, salzen, mit Olivenöl beträufeln, mit Pecorino bestreuen und 10 Minuten backen.

Die Pizzen aus dem Ofen nehmen und jede Tomatensorte mit einem anderen Käse belegen (beispielsweise Büffelmozzarella zu den San-Marzano-Tomaten, *fior di latte* auf die *Ciliegini di Pachino*, Scamorza auf die Tomaten aus dem Paestum und den Provola auf die *Pomodorini del Piennolo del Vesuvio*). Die Pizzen erneut für 10 Minuten in den Ofen stellen und knusprig-braun backen. Aus dem Ofen nehmen, mit Basilikum bestreuen und servieren.

Abbinamento consigliato Asprinio di Aversa

Pizza Mediterranea

Pizza mediterraner Art
von Enzo Coccia

Für 8 Personen
Zubereitungszeit 55 Minuten, plus 10–12 Stunden Ruhezeit

1 Portion Pizzateig (Zutaten siehe Seite 225)

Für den Belag
8 Knoblauchzehen, geschält
1 Handvoll Petersilienblätter
2 Handvoll Basilikumblätter
1 Handvoll Schnittlauch
etwa 40 kleine orangefarbene Tomaten
   (vorzugsweise *pomodorini del Piennolo del Vesuvio*)
80 frische Sardellenfilets | Meersalz
80 ml Olivenöl extra vergine
200 g schwarze Oliven aus Gaeta, entsteint
aromatisiertes Olivenöl mit Orangen von
   der Halbinsel von Sorrent

Den Pizzateig wie auf Seite 225 beschrieben zubereiten, ruhen lassen und Fladen daraus formen.

Den Backofen auf 250 °C vorheizen.

Den Knoblauch grob hacken. Die Petersilie und eine Handvoll Basilikum hacken, den Schnittlauch in Röllchen schneiden. Die Kräuter vermischen und zur Seite stellen.

Jeden Pizzafladen mit fünf halbierten Tomaten und zehn Sardellenfilets belegen, salzen, mit Olivenöl extra vergine beträufeln und 10 Minuten backen.

Die Pizzen aus dem Ofen nehmen, mit den entsteinten Oliven und den Kräutern bestreuen und weitere 10 Minuten im Ofen backen. Die Pizzen herausholen, mit einigen grob zerzupften Basilikumblättern bestreuen, mit Orangenöl beträufeln und sofort servieren.

Abbinamento consigliato Falanghina

Campania

230

Limoncello

Zitronenlikör

Ergibt etwa 2 Liter
Zubereitungszeit 1 Stunde, plus 9 Tage Ruhezeit

8 große unbehandelte Zitronen
  (vorzugsweise Zitronen aus dem Sorrent)
900 ml Alkohol (70–96%, erhältlich in der Apotheke)
900 g Zucker

Die Zitronen gründlich unter heißem Wasser abwaschen und abtrocknen. Die dünne gelbe Schale vorsichtig abschneiden oder mit einem Sparschäler abziehen. Die weiße Haut nicht abschälen, der Likör wird sonst bitter.

Den Alkohol und die Zitronenschalen vermischen, in ein Glasgefäß füllen, fest verschließen und mindestens 1 Woche ziehen lassen.

Den Zucker mit 900 ml Wasser in einen Topf geben, zum Kochen bringen und unbedeckt etwa 10 Minuten kochen lassen. Die Zitronenschalen aus dem Alkohol nehmen. Den Alkohol zugedeckt beiseitestellen. Die Zitronenschalen zum Sirup geben und 1–2 Tage durchziehen lassen.

Die Schalen wieder entfernen. Sirup und Alkohol gut vermischen. Den Limoncello in Flaschen füllen, diese fest verschließen und kühl lagern.

Insalata caprese

Tomaten-Mozzarella-Salat

Für 4 Personen
Zubereitungszeit 15 Minuten

500 g reife Tomaten
1 Handvoll Basilikumblätter
500 g Büffelmozzarella
Salz
frisch gemahlener schwarzer Pfeffer
1 Prise getrockneter Oregano
100 ml Olivenöl extra vergine

Die Tomaten und das Basilikum waschen und abtropfen lassen. Tomaten und Mozzarella in Scheiben schneiden und auf einer Platte anrichten. Besonders schön sieht es aus, wenn sich die Tomaten- und Mozzarellascheiben abwechselnd überlappen.

Beides mit Salz und Pfeffer würzen. Den Oregano über die *Insalata Caprese* streuen und mit den Basilikumblättern garnieren. Den Salat mit dem Olivenöl beträufeln und mit Brot servieren.

Pesce all'acqua pazza

Fisch im verrückten Wasser

Für 4 Personen
Zubereitungszeit 30 Minuten

800 g Fischfilets (von Meeresfischen)
300 g Kirschtomaten
4 Knoblauchzehen, geschält
2 kleine getrocknete Peperoncini
4 Stängel Petersilie
Meersalz
frisch gemahlener schwarzer Pfeffer
einige Scheiben Weißbrot, im Ofen geröstet

Die Fischfilets unter kaltem Wasser waschen und trocken tupfen. Die Tomaten und den Knoblauch halbieren. Die Peperoncini leicht andrücken. Die Petersilienblättchen abzupfen und fein hacken. Die Stiele aufbewahren.

500 ml Wasser mit den Tomaten, dem Knoblauch, den Peperoncini und den Petersilienstielen in einem weiten Topf zum Kochen bringen, dann mit Salz würzen und 4–6 Minuten köcheln lassen. Den Fisch salzen und pfeffern, in den Sud legen und zugedeckt etwa 10 Minuten ziehen lassen, bis er gar ist. Den Fisch aus dem Sud nehmen, mit der Petersilie bestreuen und mit geröstetem Weißbrot servieren.

Pasta al limone e basilico

Pasta mit Zitrone und Basilikum

Für 4 Personen
Zubereitungszeit 15 Minuten

Salz
400 g Spaghetti, Linguine oder Tagliatelle
12 EL natives Olivenöl extra
2 Knoblauchzehen, geschält und
 in dünne Scheiben geschnitten
½ Peperoncino, fein gehackt
1 Handvoll Basilikumblätter, in Streifen geschnitten
1 Fleischtomate, Samen entfernt, gewürfelt
1 Zitrone, filetiert
abgeriebene Schale und Saft von 1 unbehandelten Zitrone
frisch gemahlener schwarzer Pfeffer
40 g Parmesan, frisch gerieben
20 g Butter

In einem großen Topf Wasser zum Kochen bringen, leicht salzen und die Pasta darin nach Packungsanleitung al dente kochen.

Inzwischen das Olivenöl in einer großen Pfanne erhitzen. Knoblauch und Peperoncino darin bei mittlerer Temperatur etwa 1 Minute anschwitzen.

Kurz vor Ende der Pasta-Kochzeit einige Esslöffel Kochwasser aus dem Topf schöpfen und beiseitestellen. Die Pasta abseihen, abtropfen lassen und in die Pfanne geben, sorgfältig untermengen.

Etwas Kochwasser zu der Pasta geben. Das Basilikum, die Tomatenwürfel sowie Zitronenfilets, -schale und -saft untermengen und mit Salz und Pfeffer würzen. Wenn die Sauce zu dick ist, weiteres Kochwasser einrühren. Zum Schluss den Parmesan und die Butter unterziehen und die Pasta sofort servieren.

Campania

Calabria

Von Vorurteilen und sprechenden Bäumen – zu Besuch bei Familie Librandi

Olio extra vergine di Oliva Biologico | Tenute Librandi Pasquale

Vaccarizzo Albanese (CS), Italia

Sibari, Olio extra vergine di Oliva, Bergamotto di Reggio Calabria DOP, Nocellara del Belice, Vaccarizzo Albanese, Cosenza, riganella, peperoncino, Frantoio, Clementine di Calabria IGP, rashkatjele, Catanzaro, Carolea, Arbëresh

Nur ganz knapp erwische ich meine Verbindung in Villa S. Giovanni nach Castiglione Cosentino, wo ich dann erneut umsteigen muss, um zu meiner letzten Station, Sibari, zu kommen. Kalabrien kenne ich von meiner Kindheit nur als den quietschenden Zeitpunkt mitten in der Nacht, wenn der Zug, mit dem wir von Deutschland aus nach Sizilien fuhren, in dem Bauch der Fähre Unterschlupf suchte, um dann eine halbe Stunde lang die Meerenge von Messina zu überqueren. Mehr kenne ich bei meiner Ankunft nicht von Kalabrien, außer natürlich die vielen Geschichten, die man lieber nicht hören möchte. Deshalb beobachte ich im Zug (der immer, wenn er durch einen Tunnel fährt, einen solchen Druck erzeugt, dass mir fast die Ohren platzen) aufmerksam die Leute und behalte mein Gepäck im Auge. Wer weiß, es kann in solchen Regionen Italiens immer was passieren, und es ist besser, man bleibt wach.

Links von mir auf einem Viererplatz sitzt eine Frau am Fenster. Sie hat zu meinem Erstaunen die Augen zu. Noch mehr staune ich, als ich sehe, dass sie ihre Handtasche an einen Jackenhalter gehängt hat. Sie hat sie nicht wirklich im Blick. Am Ende halte ich sogar fast den Atem an, als sie plötzlich aufsteht, zur Toilette geht und ihre Handtasche tatsächlich dort hängen lässt. Richtig Atemnot bekomme ich, als der Zug dann auch noch anhält, sehr viele Leute ein- und aussteigen, und diese Tasche ganz nah an der Tür hängt, wo es für jeden ein Leichtes wäre, sie einfach mitzunehmen. Die Türen gehen wieder zu, die Frau kommt zurück, setzt sich hin, und die Tasche hängt immer noch da. Sie schließt erneut die Augen. Und das in Kalabrien?

Auch Angela wird immer wieder erstaunt angeschaut, wenn sie gefragt wird, wo denn der »Boss« sei, und sie darauf antwortet, dass sie genau der sei. Man erwartet nun mal nicht, dass eine – vor allem so erfolgreiche – *azienda* kein männliches Oberhaupt hat. Vor allem nicht in Kalabrien. Aber man erwartet vielleicht auch nicht, dass hier in Kalabrien eines der besten Olivenöle extra vergine hergestellt wird – es wurde 2015 von Flos Olei zum besten Bio-Olivenöl der Welt prämiert.

Ich bin wirklich sehr neugierig auf die Familie Librandi, die aus den fünf Geschwistern Carmela, Angela, Lucia, Michele, Pino und der Mamma Maria Luisa besteht. Ihre Ölmühle steht in Vaccarizzo Albanese, in einer Gegend von Kalabrien, in der sich der Einfluss der Arbëresh, die Ende des 15. Jahrhunderts über die Adria nach Italien flohen, in der Kultur und in der gleichnamigen antiken albanischen Sprache bemerkbar macht.

Ich werde von den Librandis trotz ihres engen Familienbunds sehr herzlich aufgenommen. Als Papa Pasquale Librandi vor einigen Jahren starb, wuchs die Familie enger zusammen. Pasquale kam eigentlich aus einer Metzgerfamilie, gründete dann aber im Jahr 1967 die »Azienda agricola Librandi«. Angela, die zweitälteste Tochter, unterstützte ihn im Lauf der Zeit immer mehr und gab ihm auch neue Impulse. Einer dieser Anstöße war, das Unternehmen auf Bio umzustellen – ab 1997 fingen sie an, biologisch zu produzieren. Als der Vater verstarb, übernahm Angela zwar seine Position, ihre Geschwister wurden aber gleichberechtigt in das Unternehmen involviert. An erster Stelle steht im Leben der Librandis nun das Olivenöl. Papa Pasquale hätte bestimmt gewollt, wie sie mir erzählen, dass das Olivenöl die Familie zusammenhält.

Die Sprache der Olivenbäume

An ihrem ersten Olivenöl-Wettbewerb nahm Angela Librandi aus Neugierde teil – und gewann direkt den ersten Preis. Es war der in Italien sehr renommierte *Ercole Olivario* im Jahr 2004. Ab diesem Moment wussten sie und ihr Vater Pasquale, dass sie ein gutes Produkt herstellen und dass ihr Weg der richtige ist. Voller Stolz und dennoch bescheiden gingen sie diesen Weg weiter, und es folgten unendlich viele Auszeichnungen, darunter:

- Special Award für Biologisches Natives Olivenöl Extra – Tre Foglie, Gambero Rosso Guide Oli D'Italia 2015

- Bestes Biologisches Olivenöl der Welt – Flos Olei 2015 Guide

- Extra Gold Medal – BIOL 2016

Dass dieses Olivenöl so besonders ist, liegt zum einen daran, dass der Olivenbaum hier im Süden seine idealen Lebensbedingungen vorfindet, und zum anderen daran, dass die Librandis moderne Verfahren einsetzen und im Austausch mit landwirtschaftlichen Studienzentren stehen – aber auch an dem intensiven Studium der Sprache der Pflanze, die diese auch durch ihre Blätter spricht.

Michele Librandi, der ältere der beiden Söhne, hat den Master of Olive Oil und steht in ständiger Kommunikation mit den Bäumen. Aufkommende Krankheiten oder auch Anzeichen eines Angriffs, beispielsweise durch die Fruchtfliege,

die im Jahr 2014 einen verheerenden Schaden für die Olivenölproduzenten in Italien verursacht hat, erkennt er an der Pflanze und kann sofort biologische Gegenmaßnahmen ergreifen. Diese Kontrolle ist eine seiner tagtäglichen Arbeiten auf den 220 Hektar Land, von denen 153 Hektar mit 27.000 Olivenbäumen der Olivensorten *Nocellara del Belice*, *Frantoio* und *Carolea* bepflanzt sind. Dank Michele, den man auch als den Olivenbaumflüsterer bezeichnen könnte, hatte die Fruchtfliege bei den Librandis keine Chance.

Dieser Erfolg und diese Intensität, mit der die Librandis ihr Olivenöl produzieren, erfordern im Gegenzug viele private Opfer. Freizeit, Urlaub, Pause gibt es nicht. Auf dem Land zu arbeiten, ist zwar wunderschön, gleichzeitig aber auch sehr schwer: »Du hast keine Uhrzeiten und keine Sicherheiten. Während der Olivenernte wissen wir nie, wann wir aufhören. Der Tag kann um 7 Uhr morgens anfangen und um 24 Uhr enden. Wir sind auch vom Wetter abhängig, halten ständig das Barometer in der Hand, denn eine Woche Regen in der Erntezeit ist für uns eine Tragödie, die eine Serie von Problemen nach sich zieht.« Angela und ihre Geschwister sind so dermaßen mit dem Produkt verwoben, dass eine Zerstörung der Ernte durch Hagel oder lang andauernde Gewitter einem Angriff auf ein Familienmitglied gleich kommt. Ich bekomme den Eindruck, dass es sich bei diesem Olivenöl nicht nur um ein Lebensmittel handelt, sondern dass es für die Familie Librandi Papa Pasquale ist.

Calabria

Calabria

240

Rashkatjele me purpetina

Selbst gemachte Makkaroni mit Fleischbällchen
von Maria Luisa Ventre Librandi

Für 6 Personen
Zubereitungszeit 3 Stunden

Für den Teig
500 g Hartweizenmehl
2 EL Olivenöl extra vergine

Für die Fleischbällchen
600 g Rinderhackfleisch
100 g Parmesan, frisch gerieben,
 plus Parmesan zum Bestreuen
100 g Weißbrot ohne Rinde, fein zerpflückt
2 EL Milch | 2 Eier
glatte Petersilie, fein gehackt (Menge nach Belieben)
2 EL Olivenöl extra vergine
Salz | frisch gemahlener schwarzer Pfeffer

Für den *sugo*
Olivenöl extra vergine | 1–2 Knoblauchzehen, geschält
1 kg passierte frische Tomaten *(passata)* | Salz

Das Mehl, das Olivenöl und 250 ml lauwarmes Wasser in eine Schüssel geben und mit den Händen zu einem glatten, elastischen Teig kneten. Den Teig abgedeckt an einem kühlen Ort 1 Stunde ruhen lassen, so lässt er sich später besser verarbeiten. Etwa 5 g Pastateig nehmen, zu einer Kugel formen, leicht in Mehl wenden und um einen Metallstab bzw. Holzspieß legen. Den Spieß mit dem Teig mit beiden Händen so lange rollen, bis sich eine etwa 8 cm lange Makkaroni gebildet hat. Diese vorsichtig vom Spieß abziehen, auf Backpapier legen und abdecken. Mit dem restlichen Teig ebenso verfahren.

Für die Fleischbällchen das Hackfleisch, den Parmesan, das Weißbrot und die Milch in eine Schüssel geben und mit den Händen etwas verkneten. Eier, Petersilie und Olivenöl dazugeben, mit Salz und Pfeffer würzen und alles zu einer weichen, kompakten Masse verkneten. Daraus Fleischbällchen formen und nebeneinander auf eine Platte legen.

Etwas Olivenöl und den Knoblauch in einen großen Topf mit schwerem Boden geben und erwärmen. Die *passata* und etwas Salz hinzufügen und aufkochen lassen. Dann ein bis zwei Kellen heißes Wasser und die Fleischklößchen dazugeben und zugedeckt bei mittlerer Temperatur 45–50 Minuten köcheln lassen.

In einem zweiten großen Topf Wasser für die Pasta erhitzen. Wenn es kocht, salzen und die Pasta dazugeben. Die Pasta etwa 10 Minuten bei hoher Temperatur kochen, dabei gelegentlich umrühren. Die Pasta abseihen, mit etwas Sugo verrühren und auf Tellern anrichten. Auf jede Portion noch einmal reichlich Sugo mit Fleischklößchen geben. Mit Olivenöl beträufeln, mit Parmesan bestreuen und servieren.

Notizia Zu diesem einfachen Gericht versammelte sich an Feiertagen die ganze Familie. Ein wichtiges Werkzeug bei der Zubereitung war (und ist immer noch) ein dünnes Metallstäbchen, *il ferro*, das auch zum Stricken benutzt wurde. Es wird von Mutter zu Tochter vererbt, um die *maccheroni al ferretto* zuzubereiten.

Olivenölempfehlung Olio extravergine d'Oliva Biologico Monocultivar Nocellara del Belice

Alle Rezepte dieses Kapitels sind Originalrezepte von Maria Luisa Ventre Librandi, die sie während meines Aufenthalts zubereitet hat. Das ganz Besondere ist das Rezept für die *riganella*, das seit jeher unter den Familien in Kalabrien streng geheim gehalten wird. Jeder gibt ihr seine ganz persönliche Note, die auf keinen Fall verraten werden darf. Daher schauten mich die Librandis erst einmal sprachlos an, als ich nach dem Rezept fragte. Aber nach einer familieninternen Abstimmung haben sie uns ihr Geheimnis zur Veröffentlichung dann doch freigegeben.

Muscolo di vitello in umido

Geschmortes Kalbshaxenfleisch
von Maria Luisa Ventre Librandi

Für 4 Personen
Zubereitungszeit 3 Stunden

1 kg Kalbshaxenfleisch
½ Zwiebel, geschält
100 ml Olivenöl extra vergine
Salz
½ Glas trockener Weißwein

Das Fleisch in etwa 2 cm dicke Scheiben schneiden, dann waschen, aber nicht abtupfen. Die Zwiebel fein hacken. Das Fleisch mit der Zwiebel, dem Olivenöl und etwas Salz in einen Topf mit schwerem Boden geben und erhitzen.

Das Fleisch bei mittlerer Temperatur so lange braten, bis kein Wasser mehr austritt. Dann mit dem Wein ablöschen und diesen verdampfen lassen. Den Topf mit so viel warmem Wasser auffüllen, dass das Fleisch bedeckt ist. Das Fleisch zugedeckt etwa 2 ½ Stunden garen, bis es ganz zart ist. Dabei gelegentlich umrühren und gegebenenfalls noch eine Kelle warmes Wasser hinzufügen, um eine Sauce zu erhalten. Das Fleisch heiß servieren.

Notizia Die würzige Sauce, die beim Garen entsteht, eignet sich vorzüglich zu einem Teller Spaghetti.

Patate e peperoni alla calabrese

Kartoffeln und Peperoni nach kalabrischer Art
von Maria Luisa Ventre Librandi

Für 4 Personen
Zubereitungszeit 45 Minuten

800 g Kartoffeln
2 große Peperoni
100 ml Olivenöl extra vergine | Salz

Die Kartoffeln schälen und in dünne Scheiben schneiden. Von den Peperoni den Stiel- und Blütenansatz abschneiden. Die Schoten halbieren, von den Samen und der weißen Innenhaut befreien und in ungleichmäßige Stücke schneiden.

Das Olivenöl in einer Pfanne leicht erhitzen. Die Peperoni mit den Kartoffeln darin bei mittlerer Temperatur unter Rühren so lange braten, bis sich eine goldfarbene Kruste bildet. Mit Salz abschmecken und noch warm servieren.

Ricotta con marmellata di mandarino e olio di oliva

Ricotta mit Marmelade und Olivenöl

Für 4 Personen
Zubereitungszeit 10 Minuten

250 g Ricotta
4 EL Mandarinenmarmelade
Olivenöl extra vergine (beispielsweise
  Olio extravergine di oliva biologico Librandi)

Den Ricotta auf vier Teller verteilen, mit der Mandarinenmarmelade anrichten und so viel Olivenöl darüberträufeln, wie man gerne mag.

Riganella di Maria Luisa Ventre Librandi

Ostergebäck aus Kalabrien

Für 8 Personen
Zubereitungszeit 2 Stunden

Für die Füllung
30 g Zucker
20 g gemahlener Zimt
250 g Rosinen, gewaschen und trocken getupft
100 g geschälte Mandelkerne, grob gehackt
100 g Walnusskerne, grob gehackt
abgeriebene Schale von ½ unbehandelten Zitrone
6 EL Mandellikör (beispielsweise Amaretto)

Für den Teig
2 Eier
85 g Zucker
80 ml Olivenöl extra vergine, plus etwas zum Beträufeln
330 g Mehl (Tipo 00 oder Type 405)
8 g Backpulver
1 Prise Salz

Zum Bestreichen
1 Ei, verquirlt
Zucker

Für die Füllung in einer Schüssel den Zucker und Zimt mischen. In einer zweiten Schüssel die Rosinen, Mandeln, Walnüsse, Zitronenschale, 2 EL der Zucker-Zimt-Mischung und den Mandellikör vermengen. An einem kühlen Ort ziehen lassen.

Die Eier mit dem Zucker schaumig schlagen, bis sich der Zucker aufgelöst hat. Das Olivenöl, das Mehl, das Backpulver und das Salz dazugeben und alles mit den Händen zu einem weichen, aber nicht klebrigen Teig verkneten. Den Teig zu einer Kugel formen und abgedeckt 10 Minuten ruhen lassen.

Ein Viertel des Teigs entnehmen und auf Backpapier zu einem Kreis von 30 cm Durchmesser ausrollen. Großzügig mit Olivenöl beträufeln, mit etwas Zimtzucker bestreuen und in eine runde Backform mit 32 cm Durchmesser legen.

Den Backofen auf 180 °C vorheizen.

Den restlichen Teig so dünn wie möglich zu einem großen Rechteck ausrollen, ebenfalls mit Olivenöl beträufeln, mit der restlichen Zucker-Zimt-Mischung bestreuen und die Füllung darauf verteilen. Den Teig in drei gleichgroße Rechtecke teilen und jedes von beiden Längsseiten zur Mitte hin aufrollen. Den ersten Strang zu einer Schnecke rollen und diese mittig auf den Teigboden in der Form legen. Den zweiten Teigstrang um die erste Schnecke aufrollen und den letzten Strang darum legen, sodass eine große Schnecke entsteht. Den Rand des Teigbodens auf die Spirale hochlegen. Die *riganella* mit Ei bestreichen, mit Zucker bestreuen und in 35–40 Minuten goldbraun backen.

Basilicata

Von Brot, Frieden und Künstlern – zu Besuch bei Pane & Pace

Antico forno a legna di Lucia Perrone & C. S.n.c.

Matera (MT), Italia

Lucani, capitale europea della cultura 2019, i Sassi di Matera, povertà, fave con cicoria, Pier Paolo Pasolini, Peperoni secchi di Senise IGP, casa grotta, baccalà, fedda rossa, la Passione di Cristo, Fagioli di Sarconi IGP, Amaro Lucano, Potenza

Wie genau ich in Basilikata angekommen bin, weiß ich nicht mehr. Ich weiß nur, dass ich auf dem Rücksitz im Auto von den Librandis sitze und irgendwann mal höre, wie Angela vom Beifahrersitz aus zu ihrem Bruder Michele, der am Steuer sitzt, sagt: »Schau mal, da ist, Pane & Pace!« Daraufhin versuche ich, so gut es geht meinen schmerzenden Kopf zu heben und mit halboffenen Augen irgendetwas zu erkennen, bevor ich wieder einschlafe. Wie auf Reisen so üblich, macht der Magen nicht immer mit, und mein Magen hat sogar meinen ganzen Kopf ins Delirium mitgenommen. Angela und Michele laden mich an meinem Bed & Breakfast ab, das ich direkt im Zentrum von Matera gemietet habe, und fahren weiter nach Apulien, wo sie erneut eine Auszeichnung für ihr Olivenöl entgegennehmen werden.

Zum Glück bin ich am nächsten Tag aber wieder fit und mache mich auf den Weg zu der sehr belebten Piazza Vittorio Veneto, auf der ein Antikmarkt stattfindet. Auf der *piazza* höre ich einen Mann in die Menge rufen: »Politiker mögen keine Kunst, deshalb ist es gut, dass wir Kulturhauptstadt geworden sind!« Eine kleine Gruppe lucanischer Zuhörer nickt. Die Menschen in der Basilikata nennen ihre Region am liebsten Lucania, wie sie in der Antike hieß, bevor die Römer sie eroberten und Kaiser Augustus, der sie mit Kalabrien einte, ihr den Namen Basilikata gab. Erst im Faschismus bekam sie erneut den Namen Lucania. Heute heißt die Region zwar wieder Basilikata, aber die Lucani, wie sich die Bewohner nennen, bevorzugen den antiken Namen.

Einer von ihnen ist Tonino Nobile, den ich als ersten von »Pane & Pace«, dem Unternehmen der alteingesessenen Bäckersfamilie Perrone, dem »Antico forno a legna di Lucia Perrone & C. S.n.c.« kennenlerne. Er ist der kreative Kopf hinter dem Konzept »Pane & Pace« (Brot & Frieden). Mithilfe des Grafikers Mauro Bubbico hat er dem Unternehmen einen fast künstlerischen und poetischen Anstrich verliehen. Als wir uns in einer Bar treffen, kommt Tonino gerade aus Mailand, wo er privat als Pizzabäcker »gemietet« wurde. *Pizzaiolo on demand* ist sein Hauptberuf. Im Alter von 16 Jahren ging er nach Mailand und lernte bei neapolitanischen Pizzabäckern. 20 Jahre lang arbeitete er als Buchhändler und nebenbei noch als Pizzabäcker, um die Rechnungen bezahlen zu können.

Vor 13 Jahren lernte er dann Giancinto kennen, den Mann von Lucia Perrone, der heutigen Bäckerei-Besitzerin. Mit den beiden trafen zwei gegensätzliche Energien aufeinander, die das traditionelle Unternehmen zu einem Kunstwerk transformierten. Symbolisch steht *pane* für Giancinto, den Bodenständigen, und *pace* für Tonino, der im Herzen ein freier Künstler ist. Er findet, dass Brot backen eine Art Zen ist, das Frieden bringen kann.

Die Familie Perrone backt seit über einem Jahrhundert in Matera Brot. Drei Generationen von Bäckern haben das 20. Jahrhundert durchzogen. Santino Perrone (Fotos Seite 253), der Vater von Lucia und mittlerweile eine Kultfigur, ist zwar nicht mehr aktiv mit dabei, aber als er mir sein altes Handwerk zeigt, blüht er auf, und man erkennt sofort, dass Brotbäcker nicht nur Handwerker, sondern auch Künstler sind. Die Lucani sind außergewöhnliche Menschen. Als ich Tonino frage, wie es denn ist, so im Schatten von Italien zu leben, antwortet er: »Da ist es schön kühl.«

Matera: Von der Armut zur Kultur

Viele Regionen Süditaliens sind von Armut geprägt. Die Basilikata war eine der ärmsten unter ihnen, und am Ende hat sich Italien für die Region sogar geschämt. Nicht, weil hier etwa besonders viele Gewalttaten verzeichnet wurden (sogar das organisierte Verbrechen sah hier keine Möglichkeit der Ausbeutung), sondern weil die Menschen in unsäglicher Armut noch bis in die 60er-Jahre wie Steinzeitmenschen in in Felsen gehauenen Höhlen, den sassi, unter unzumutbaren hygienischen Zuständen lebten. Matera galt als eine Schande für Italien, und man entschied, Abhilfe zu schaffen, und baute Häuser aus Beton (was den Anblick nicht verschönerte und die Armut nicht bekämpfte) und veranlasste eine Räumung der Steinhöhlen. 1993 wurden die sassi dann zum UNESCO-Weltkulturerbe erklärt. Die Faszination für diese Höhlensiedlung zog Künstler und bekannte Filmproduzenten an, die vor dieser außergewöhnlichen Kulisse ihre Filme drehten, so z. B. Pier Paolo Pasolini sein »Matthäusevangelium« oder Mel Gibson »Die Passion Christi«.

Die Faszination für die sassi, diese Höhlensiedlung Italiens, führte auch dazu, dass die Europäische Kommission entschied, Matera unter Bewerberstädten wie Cagliari, Lecce, Perugia, Ravenna oder Siena als europäische Kulturhauptstadt 2019 auszuwählen. Aber außergewöhnlich sind nicht nur die Sassi di Matera, sondern auch ein spezielles Brot, das manchmal riesengroß und ungewöhnlich hoch ist: das Brot von Matera, das 2008 das IGP Siegel erhielt.

Die Herstellung des Brots von Matera beruht auf einem archaischen Handwerk, und auch heute noch wird das Brot in seinen urtümlichen Formen mit einem Drang in die Höhe gefertigt. Der *Pane a Cornetto* ist flacher und hat mehr Kruste und der *Pane alto* ist höher und hat somit weniger Kruste. Je größer und höher die Brote sind, umso haltbarer sind sie. Bei »Pane & Pace« werden bis zu 10 kg schwere Brote verkauft (zum Vergleich: auf dem Foto sieht man ein 5 kg schweres Brot). Tonino erzählt, dass, je kleiner die Familien sind, desto kleiner auch die Brote werden. Schneidet man das Brot in Scheiben, entsteht eine Herzform, umrandet von einer dunkelbraunen, knusprigen Kruste, mit einer weichen strohgelben und mit unregelmäßig großen Poren versehenen Krume. Auch die Zutatenliste ist einfach und unverfälscht: *semola di grano duro rimacinata* (Hartweizendunst) der Weizensorte Senatore Cappelli, Wasser, Salz, *lievito madre* und Hefe.

Doch Matera ist nicht nur wegen seines berühmten Brots bekannt. Im Gebiet von Matera werden auch die berühmten Peperoni für die *cruschi* angebaut. Die *peperoni »cruschi« di Senise IGP* werden als Snack gegessen, finden sich aber auch in vielen Speisen der Basilikata wieder. Sie werden aus süßen, in der Luft getrockneten Peperoni hergestellt. Früher galten sie auch als der Käse der Armen, weil die Lucani sie überall darüberstreuten, wo man normalerweise Käse genommen hätte. In Deutschland findet man getrocknete milde Peperoni oft auch in türkischen Lebensmittelläden. Sie kommen dann zwar nicht aus Senise, sind aber als Ersatz ganz gut geeignet.

Basilicata

253

Fedda rossa

Bruschetta aus Matera

Für 4 Personen
Zubereitungszeit 30 Minuten

4 große Scheiben Brot aus Matera (ersatzweise Weißbrot)
4 Knoblauchzehen, geschält
8 Kirschtomaten
Olivenöl extra vergine
Salz
Oregano

Die Brotscheiben rösten (vorzugsweise auf einem Rost über offenem Feuer) und dann jede Scheiben von einer Seite mit einer Knoblauchzehe einreiben.

Die Tomaten halbieren und die Brote damit entweder einreiben oder belegen. Die Bruschetta mit Olivenöl beträufeln, mit Salz und Oregano bestreuen und servieren.

Einige Materaner befeuchten die Brotscheiben, nachdem sie sie angeröstet haben. Eine Angewohnheit derer, die nicht mehr so gut zubeißen können.

Notizia Das, was man im Rest der Welt Bruschetta nennt, ist in Matera die *fedda rossa*, was so viel wie rote Brotscheibe bedeutet. Die Bewohner von Matera lieben diese sehr einfache Speise so sehr, dass sie ihrer *fedda rossa* ein eigenes Fest gewidmet haben. Seit 30 Jahren wird am 31. Juli im Stadtteil La Martella *la Sagra della fedda rossa* organisiert. Kein Bewohner aus Matera lässt sich dieses Fest entgehen, da dieses Gericht fast schon Teil der eigenen Identität ist.

Abbinamento consigliato Lux Matera Primitivo

Baccalà con peperoni »cruschi« di Senise IGP

Stockfisch mit knusprigen Peperoni

Für 4 Personen
Zubereitungszeit 30 Minuten, plus 2 Tage Einweichzeit

600–700 g Stockfisch oder Klippfisch (baccalà)
1 Bund Petersilie
1–2 Knoblauchzehen, geschält
Salz | frisch gemahlener schwarzer Pfeffer
12 getrocknete süße Peperoni (peperoni cruschi)
250 ml Olivenöl extra vergine, eventuell etwas mehr

Zwei Tage vor der Zubereitung den baccalà in kaltes Wasser legen und entsalzen. Am zweiten Tag das Wasser drei- bis viermal wechseln.

Am Tag der Zubereitung die Petersilie mit dem Knoblauch klein hacken, salzen, pfeffern und zur Seite stellen. Den baccalà in eine Pfanne mit hohem Rand geben, etwas kaltes Wasser hinzufügen und bei geringer Temperatur aufkochen lassen. Den Fisch zugedeckt in 8–10 Minuten gar kochen, aus der Pfanne nehmen, abtropfen lassen und in mittelgroße Stücke schneiden. Den Fisch warm halten.

Die getrockneten Peperoni aufschneiden und die Samen entfernen. Die Schoten nach Belieben ganz lassen oder in Stücke schneiden. In einer Pfanne das Olivenöl erhitzen und etwas Salz dazugeben. Die Pfanne vom Herd nehmen, die Peperoni hineingeben (Vorsicht Spritzgefahr!) und von allen Seiten knusprig anbraten.

Den baccalà auf Tellern anrichten, die Peperoni mit dem Öl über den Fisch geben, mit der Knoblauchpetersilie bestreuen und servieren.

Notizia Der baccalà mit den knusprigen cruschi, eines der bekanntesten und am weitesten verbreiteten Gerichte der Basilikata, wurde traditionell zur Fastenzeit gegessen.

Purea di fave con cicoria selvatica

Dicke-Bohnen-Püree mit Wildzichorie

Für 4 Personen
Zubereitungszeit 2 Stunden

1 kg Wildzichorie (ersatzweise Löwenzahn oder Spinat)
Salz | 1 Zwiebel, geschält
1 Stange Staudensellerie
1 kleine Karotte, geputzt
Olivenöl extra vergine
350 g getrocknete Dicke Bohnen ohne Schale
2 große Kartoffeln, geschält
1–2 Knoblauchzehen, geschält und klein geschnitten
Peperoncino | geröstetes Brot zum Servieren

Die Wildzichorie gut abspülen, ohne Wasser in einen Topf geben, etwas salzen und zugedeckt in 8–10 Minuten weich kochen. Das ausgetretene Wasser auffangen.

Die Zwiebel, den Staudensellerie und die Karotte fein hacken und in etwas Olivenöl leicht anschwitzen. Die Bohnen dazugeben und drei Daumen hoch mit Wasser bedecken. Die Kartoffeln in Stücke schneiden und ebenfalls dazugeben. Alles solange kochen, bis die Bohnen weich sind. Gegebenenfalls warmes Wasser nachgießen. Die weiche Bohnen-Gemüse-Mischung mit 1 EL Olivenöl in einen Mixer geben und pürieren. Wenn das Püree zu fest ist, etwas Garwasser von der Wildzichorie dazugeben. Mit Salz abschmecken.

In einer Pfanne etwas Olivenöl erhitzen, den Knoblauch darin anschwitzen und die Zichorie darin schwenken. Mit Peperoncino und eventuell Salz abschmecken. Das Gemüse mit dem Bohnenpüree auf einem Teller anrichten, mit reichlich Olivenöl beträufeln und mit Röstbrot servieren.

Abbinamento consigliato Tonino Nobile empfiehlt für dieses Gericht Bacche Rosa Vino rosato, hergestellt in der Azienda Agricola Masseria Cardillo, die nicht nur Weine und Olivenöle produziert, sondern auch Zimmer vermietet.

Tiramisud di Tonino Nobile

Tiramisu aus Süditalien mit Ricotta & Brot

Für 8 Personen
Zubereitungszeit 40 Minuten, plus 12 Stunden Kühlzeit

200–250 ml Espresso
400 g Brotscheiben aus Matera
   (ersatzweise weiches Weißbrot oder Löffelbiskuit)
12 Eigelb
500 g Zucker
1 kg Ricotta
4 EL Kakaopulver zum Bestauben

Den Espresso zubereiten und in einer flachen Schüssel abkühlen lassen. Das Brot entrinden. Das Eigelb mit dem Zucker hellgelb und schaumig rühren. Den Ricotta dazugeben und gut verrühren.

Die Hälfte des Brots in den Espresso tunken, dabei darauf achten, dass es nicht zu viel Flüssigkeit aufsaugt. Einen großen runden Teller mit hohem Rand mit den getränkten Brotscheiben auslegen. Die Hälfte der Creme darübergeben und glatt streichen. Diesen Vorgang mit dem restlichen Brot und der übrigen Creme wiederholen. Das *tiramisud* mit Kakao bestauben und über Nacht in den Kühlschrank stellen.

Notizia Tiramisu, das so viel wie »Zieh-mich-hoch« heißt und in Norditalien, im Veneto, erfunden wurde, wird hier von Tonino Nobile zu einem »Zieh-mich-nach-Süden« *tiramisu-d* (*il sud* – der Süden) umgewandelt. Dabei werden die Hauptzutaten Mascarpone und Löffelbiskuits durch Ricotta aus der Milch von Friesian Kühen, die auf der Murgia von Matera weiden, und durch das Brot aus Matera ausgetauscht. Tonino folgt dabei ganz sklavisch dem Originalrezept des Tiramisu, bis hin zur runden Form, in der das Original zubereitet wird. Bei näherer Betrachtung stellte er sogar fest, dass Mascarpone aus dem Wort *mascherpa* abgeleitet ist, das nichts anderes als der Name für Ricotta im lombardischen Dialekt ist. Zwar kann man diesem *tiramisud* einige Tropfen lucanischen Kaffeelikör zufügen, aber aus Respekt vor dem Original, das auch keinen Alkohol vorsieht, wird dieser weggelassen und später in einer Bar zusammen mit einem *caffè* getrunken.

Abbinamento consigliato Liquore al caffè Lucano

Puglia

Von Weizen, Slow Life und Ferrari – zu Besuch bei Cesare Fiorio

Masseria Camarda | Società Agricola S.r.l.
Ceglie Messapica (BR), Italia

trulli, Bari, Alberobello, taralli, sugo di carne di cavallo, Pane di Altamura DOP, orecchiette, Padre Pio, Ceglie Messapica, vincotto, cima di rapa, Ostuni, Primitivo di Manduria, Ferrari, Negroamaro del Salento, Valle d'Itria, Senatore Cappelli

Puglia

Statt verspeist zu werden, liegt das Brot von »Pane & Pace«, das ich mitgenommen habe, gemütlich auf dem zweiten Bett meines B&B-Zimmers herum und hat für mich fast schon menschliche Züge angenommen. Es wegzuwerfen bringe ich nicht übers Herz, und so muss das Brot als Reisebegleiter nun mit nach Apulien kommen. Da es für mich allein zu groß ist, überlege ich, es meinem Gastgeber in Apulien als Geschenk zu überreichen. Als ich aber vor Cesare Fiorio stehe, dem Ex-Ferrari-Manager, der sich hier in Apulien niedergelassen hat, kommt mir die Idee albern vor. Ich entscheide, dass das Brot weiterhin eine große Fläche meines Koffers in Anspruch nehmen darf und mit mir gemeinsam in weitere Regionen reist. Sein Ende findet es dann in Deutschland, wo wir es verzehren und dabei feststellen, dass das Brot wirklich lange haltbar ist.

Ich verlasse Matera also mit einem fast 3 kg schweren Brot im Gepäck und nehme den Zug der Ferrovie Appulo Lucane direkt nach Bari. Von dort aus reise ich weiter nach Ceglie Messapica. Hier hat Cesare Fiorio, der in Turin geboren ist, Politikwissenschaft studiert und 25 Jahre lang ein rasantes Leben im Motorsport geführt hat – unter anderem auch als Teammanager für Ferrari –, zurück zur Langsamkeit gefunden. Durch ein Schlüsselerlebnis während einer Autofahrt in Apulien, wurde ihm bewusst, dass genau hier der Ort ist, an dem er sein weiteres Leben verbringen möchte.

»Ich kam von einem geschäftigen Leben, in dem alles immer schnell gehen musste, schnell hierhin, schnell dahin. Eines Tages fuhr ich hinter einem Auto her. Auf der Gegenspur kam uns ein anderes Auto entgegen und hielt auf der Höhe des Autos vor mir an. Die Fahrer kurbelten die Fensterscheiben runter und fingen an, sich zu unterhalten. Ich wartete 10 Sekunden, 20, 30 Sekunden … und war kurz davor, zu brüllen: »Nun fahr endlich weiter!« Ich hatte die Hand schon auf der Hupe. Aber dann habe ich nichts davon gemacht. Ich habe gewartet, bis sie ihr Schwätzchen beendet hatten. Der Fahrer im Auto vor mir drehte sich zu mir um, sagte danke und fuhr weiter. Seitdem hupe ich nicht mehr. So etwas passiert dir nicht in Mailand. Die Leute hier sind anders. Vielleicht ist das eine unwichtige Geschichte, aber sie sagt viel auch über die Lebensqualität der Menschen hier aus. Sie sind gelassen, weil sie gut essen und gut leben und sich umeinander kümmern.«

Wenn man für Apulien einen Botschafter bräuchte, dann wäre Cesare Fiorio mit Sicherheit der Richtige. Als Nicht-Einheimischer hat er einen anderen Blick auf seine Wahlheimat als viele von denen, die hier geboren sind. Cesare erzählt mir viele interessante Dinge über Apulien und Ceglie Messapica, zum Beispiel dass Apulien so lang wie die Strecke von Mailand bis Rom ist und dass Apulien nicht gleich Trulli ist, denn die gibt es nicht überall, sondern nur im Valle d'Itria, also in Alberobello, Cisternino, Ceglie Messapica, Locorotondo, Martina Franca und Ostuni. Und dass Ceglie Messapica schon seit der Einheit Italiens für seine besonders gute Küche bekannt ist. Damals zählte man an die 96 Trattorien und Osterien, weshalb es auch als die »Hauptstadt der apulischen Gastronomie« gilt. Hier kann man in einfachen, aber guten Osterien essen, aber auch bei Michelin-Sterneköchen wie Antonella Ricci, die gleichzeitig auch Direktorin der renommierten Kochschule »Med Cooking School« in Ceglie Messapica ist.

In den nächsten Tagen zeigt mir Cesare Fiorio zusammen mit seiner Freundin Loredana Marzano einige wunderbare Restaurants und macht mich auch mit Angelo Palmisano und Salvatore Bellanova bekannt – Mitarbeiter der Kommune von Ceglie Messapica –, die mir die Stadt zeigen und sich unermüdlich um mich kümmern.

Grano Senatore Cappelli

Als Cesare Fiorio vor 16 Jahren durch Zufall nach Apulien kam und sich entschied, sein Leben hier zu verbringen, war ihm klar, dass sich damit sein Leben grundsätzlich ändern würde. Er wechselte von Rennmotoren zu Traktoren, kaufte die »Tenuta Camarda«, eine seit 40 Jahren verlassene *azienda agricola*, die er von Grund auf restaurierte, und ließ sich von Bauern beibringen, wie man die Erde kultiviert. Die »Masseria Camarda« startete vor sieben Jahren als *azienda agricola* und bietet seit drei Jahren auch Zimmer zum Übernachten an. Zwei von sechs Zimmern befinden sich in Trulli. Die Namen seiner drei ehemaligen Straßenhunde passen sich auch ein wenig der »Masseria Camarda« an: Lupin, Marina und Trullo.

Auf 27 Hektar Land produziert Cesare Fiorio seinen eigenen Primitivo, baut Obst und Gemüse, Tierfutter, Nüsse, Kapern und Lupinen an und ist besonders stolz auf sein qualitativ hochwertiges Olivenöl extra vergine, das man auf den Tischen von Antonella Riccis Restaurant »Il Fornello da Ricci« findet.

Zu einem respektvollen Umgang mit der Natur gehört vor allem, sie nicht weiter mit Giften zu belasten. Deshalb ist bei Cesare nicht nur alles biologisch zertifiziert, sondern er ist auch dem »Consorzio Terra libera dai veleni« beigetreten, einem Konsortium, das sich für ein Land frei von Giften einsetzt. Im Gespräch mit ihm hört man den starken Wunsch heraus, zum Ursprünglichen zurückzukehren.

Deshalb ist es auch nicht verwunderlich, dass Cesare auf zwölf Hektar Land die antike Weizensorte *Senatore Cappelli* anbaut, die 1915 von Nazareno Strampelli entdeckt und dem damaligen abruzzischen Senator Raffaele Cappelli gewidmet wurde, der eine wichtige Rolle bei den Agrarreformen in Apulien spielte. *Senatore Cappelli* ist ein antiker Hartweizen, dessen ursprüngliche genetische Struktur belassen wurde. Gerade dadurch ist er robust und resistent geblieben und bedarf keiner chemischen Behandlung mit Pestiziden, Herbiziden und allerlei Düngemitteln. Deshalb wird er im biologischen Anbau bevorzugt, hauptsächlich in den Regionen Basilikata und Apulien. So wie bei allen Produkten, die umweltschonend angebaut werden, bedeutet dies aber auch einen kleineren Ertrag und schwierigere Bedingungen. Das gilt für alle antiken Weizensorten, so auch für *Tumminia (Tilmilia)*, *Taganrog* oder *Kamut*.

Die bis zu 1,8 m langen Halme des *Senatore Cappelli* machen nicht nur die Ernte schwieriger, sondern die Ähren können durch starken Wind und Regen abknicken. Für denjenigen, der ihn anbaut, zählt nicht die Quantität, sondern die Qualität. Zudem zeichnen den *Senatore Cappelli* ein höherer Nährwert sowie eine bessere Verdaulichkeit aus. Aufgrund seiner guten Klebereigenschaften lässt sich daraus gefertigte Pasta auch ohne Ei zubereiten, so die berühmten apulischen Orecchiette, die mir Martina – die neben Promotosh die einzige Hausangestellte in der »Masseria Camarda« ist – in der schönen großen Küche zeigt.

Orecchiette con cime di rapa

Pasta aus Apulien mit Stängelkohl
von Martina Cavallo

Für 2 Personen
Zubereitungszeit 30 Minuten

200 g Hartweizenmehl *Senatore Capelli* (ersatzweise
  70 g Hartweizengrieß und 130 g Mehl Type 405)
Salz | 300 g Stängelkohl oder Brokkoli | Olivenöl
2 Knoblauchzehen, geschält und klein geschnitten
2 Sardellenfilets | 1 EL Semmelbrösel
2 Lorbeerblätter | Peperoncino

Das Mehl mit einer guten Prise Salz vermischen und auf die Arbeitsplatte geben. So viel lauwarmes Wasser unterkneten (100–120 ml), bis der Teig kompakt und homogen ist. Den Teig abgedeckt 30 Minuten bei Zimmertemperatur ruhen lassen.

Den Teig zu einem etwa 1 cm dicken Strang rollen und in 1,5 cm große Stücke schneiden. Die Stücke mit dem Messer dann von einer Seite zur anderen (zum Körper hin) glatt rollen und dann mit dem Finger von der Unterseite zu runden »Ohren« drücken. Auf ein bemehltes Tuch legen.

Den Kohl putzen, dabei die dunklen Blätter in kleine Stücke schneiden. In einem großen Topf 1 ½ l Wasser zum Kochen bringen, salzen und den Stängelkohl zusammen mit den Orecchiette 3–4 Minuten kochen, bis die Pasta gar ist.

Währenddessen in einem zweiten Topf etwas Olivenöl erhitzen. Den Knoblauch darin kurz anschwitzen, dann die Sardellen darin schmelzen lassen und zum Schluss die Semmelbrösel und Lorbeerblätter dazugeben. Alles gut verrühren und einige Minuten anbraten. Das Wasser von den Orecchiette und dem Kohl abgießen, die Sardellensauce zur Pasta geben und gut durchmischen. Den Topf zurück auf den Herd stellen, alles 1–2 Minuten erhitzen und servieren. Wer mag, kann vor dem Servieren noch etwas Peperoncino dazugeben.

Notizia Frisch hergestellte Orecchiette sind etwa 2 Tage halt-

Taralli

Brotkringel aus Apulien

Für 36 Stück
Zubereitungszeit 45 Minuten, plus 1 Stunde Ruhezeit

200 g Mehl (Tipo 00 oder Type 405)
5 g Salz
80 ml Weißwein
50 ml Olivenöl extra vergine

Das Mehl mit dem Salz vermischen und auf die Arbeitsplatte häufen. In der Mitte eine Mulde bilden, den Weißwein und das Olivenöl hineingeben und alles so lange verkneten, bis ein glatter, homogener Teig entsteht. Den Teig abdecken und bei Zimmertemperatur 1 Stunde ruhen lassen.

Den Teig noch mal kurz durchkneten und mit den Händen 8–10 cm lange und 0,7–1 cm dicke Teigrollen formen. Das Ende einer Rolle leicht anfeuchten und auf das andere Ende drücken, sodass ein Kreis entsteht. Auf diese Weise sämtliche Rollen formen.

Einen großen Topf mit Wasser zum Kochen bringen.

Die *taralli* in das leicht kochende Wasser geben (nicht zu viele auf einmal) und wenn sie an die Wasseroberfläche steigen mit einem Schaumlöffel herausholen und auf Backpapier legen. Die *taralli* dort mindestens 30 Minuten ruhen lassen.

Den Backofen auf 200 °C vorheizen.

Die *taralli* mit dem Backpapier auf ein Backblech legen und in 30 Minuten goldbraun backen.

Notizia Zu dem Teig kann man zusätzlich noch schwarzen Pfeffer, getrockneten Peperoncino oder Fenchelsamen geben.

Braciole al sugo di carne di cavallo

Pferdefleischrouladen in Tomatensugo
von der »Osteria del Capitolo«

Für 4 Personen
Zubereitungszeit 25 Minuten, plus 1 ½ Stunden Garzeit

4 Scheiben Rouladen aus Pferde- oder Rindfleisch
Olivenöl | Salz
5 Knoblauchzehen
3 EL gehackte glatte Petersilie
6 Sellerieblätter vom Staudensellerie, fein gehackt
3 EL grob geriebener Pecorino
Peperoncino | 3 EL Kapern
300 ml Rotwein
600 g passierte Tomaten *(passata)*

Die Fleischscheiben leicht plätten und dann mit etwas Olivenöl und ein wenig Salz einreiben. Drei Knoblauchzehen schälen, fein hacken und zusammen mit der Petersilie, den Sellerieblättern, dem Pecorino, etwas Peperoncino und den Kapern auf den Fleischscheiben verteilen. Die Längsseiten der Fleischscheiben ½ cm breit über die Füllung schlagen und dann die Rouladen von den kurzen Seiten her aufrollen. Mit ein bis zwei Holzspießen feststecken.

In einem Bräter etwas Olivenöl mit zwei ungeschälten Knoblauchzehen erhitzen. Die Rouladen darin etwas bräunen lassen. Mit dem Rotwein ablöschen, die passierten Tomaten dazugeben, mit Salz und Peperoncino würzen und bei mittlerer Temperatur 1 ½ Stunden köcheln lassen. Sollte der Sugo zu dick werden, etwas heißes Wasser hinzufügen.

Notizia In der »Osteria del Capitolo«, die früher eine Kantine mit Fasswein war, werden heute verfeinerte Traditionsgerichte aus Apulien zubereitet. Inhaber sind Pompea Monaco, ihr Mann Nicola Barletta – die auch mal kurze Zeit in Deutschland gelebt haben – und ihr sehr herzlicher Sohn Sante Barletta. Richtig berühmt sind sie vor allem für die Zubereitung dieses typischen Gerichts aus Apulien.

Puglia

271

Puglia

Fusilli alla ratatouille di verdure

Pasta mit Gemüseratatouille
von Antimo Savese

Für 4 Personen
Zubereitungszeit 40 Minuten

Salz
1 Peperoni
1 Karotte, geputzt
1 Zucchini, von Stiel- und Blütenansatz befreit
1 Stange Staudensellerie
1 Frühlingszwiebel, geputzt
Olivenöl extra vergine
frisch gemahlener schwarzer Pfeffer
1 Zweig Rosmarin
400 g Fusilli

In einem Topf Wasser zum Kochen bringen und dann salzen. Inzwischen die Peperoni, die Karotte, die Zucchini und den Staudensellerie in kleine Würfel schneiden. Die Frühlingszwiebel in Ringe schneiden und zur Seite stellen. Den Sellerie, die Karotte und die Peperoni 2 Minuten ins kochende Wasser geben, mit einem Schaumlöffel herausnehmen, das Wasser abschütteln und das Gemüse zur Seite stellen.

In einer Pfanne 2 EL Olivenöl erhitzen. Das Gemüse und die Frühlingszwiebel dazugeben, salzen, pfeffern und bei mittlerer Temperatur etwa 15 Minuten anschwitzen. Mit Salz und Pfeffer abschmecken und den Rosmarin dazugeben.

Die Pasta in reichlich gesalzenem, sprudelnd kochendem Wasser al dente kochen, abseihen, mit dem Ratatouille vermischen und servieren.

Notizia Antimo Savese ist Dozent an der Med Cooking School, Inhaber des Restaurants »Casina Terramora da Antimo« in Ceglie Messapica und schreibt nebenbei Rezepte für Zeitschriften.

Crostatina alle mele con insalata di fragole e gelato al latte di capra

Apfeltartelettes mit Erdbeersalat und Ziegenmilcheis
von Antonella Ricci

Für 15 Tartelettes
Zubereitungszeit 30 Minuten

Für die Tartelettes
300 g Mehl (Tipo 00 oder Type 405)
240 g weiche Butter
1 Prise Salz
1 kg Äpfel (beispielsweise Martinesi oder Fuji)
Saft von 1 Zitrone
70 g Butter
200 g Zucker
gemahlene Vanille
gemahlener Zimt
200 g Mandelkrokant
Ziegenmilch- oder Vanilleeis zum Servieren

Für den Erdbeersalat
100 g Erdbeeren
20 g Puderzucker
1 TL frisch gepresster Zitronensaft
einige Blätter Minze

Das Mehl mit der Butter, dem Salz und 50 ml Wasser verkneten und abgedeckt 30 Minuten im Kühlschrank ruhen lassen. Den Teig dünn ausrollen und 15 gefettete Tarteletteformen damit auskleiden.

Für den Erdbeersalat die Erdbeeren waschen, entkelchen, in Stücke schneiden und in dem mit Zitronensaft verrührten Puderzucker marinieren. Den Backofen auf 175 °C vorheizen.

Die Äpfel waschen, vom Kerngehäuse befreien, in Scheiben schneiden und sofort in eine Schüssel mit Wasser und dem Zitronensaft legen. In einer Pfanne die Butter und den Zucker schmelzen, die Apfelscheiben aus dem Wasser nehmen, trocken tupfen, mit etwas Vanille und Zimt dazugeben und bei geringer Temperatur langsam karamellisieren lassen. Abkühlen lassen und dann auf dem Teig in den Formen verteilen.

Die Tartelettes 15–17 Minuten backen. Abkühlen lassen, jeweils eine Kugel Ziegenmilch- bzw. Vanilleeis daraufgeben, mit Mandelkrokant bestreuen und mit dem Erdbeersalat und Minzeblättern servieren.

Notizia Wer eine Eismaschine hat und Ziegenmilch bekommt, kann aus 1 l Ziegenmilch, 1 l Sahne, dem Mark von 1 Vanilleschote und 250 g Traubenzucker das Ziegenmilcheis nach Anleitung der Eismaschine selbst herstellen.

Antonella Ricci ist nicht nur Rektorin an der Med Cooking School, sondern führt zusammen mit ihrem Mann Vinod Sookar eines der renommiertesten Restaurants in der Region Apulien »Al Fornello da Ricci« für das sie einen Michelinstern erhalten hat.

Abbinamento consigliato Moscato di Trani

Puglia

277

Sicilia

Von Maria und Vitaminen – zu Besuch bei Giusi, Saro & Giuseppe

Biosolnatura Srl | Laboratorio artigianale
Carlentini (SR), Sicilia

Mamma, Etna, isola, mare, melanzane, parmigiana, Trinacria, Piscaria di Catania, Arancia rossa di Sicilia IGP, Moro, Tarocco, Sanguinello, pistacchio di Bronte DOP, limoni, Palermo, Pomodoro di Pachino IGP, Vincenzo Bellini, Maria

Sicilia

Sizilien ist für mich natürlich immer *mamma*! Und wie so viele *mamme*, die Maria als Erst- oder Zweitnamen tragen und mir auf meiner Reise durch Italien begegnet sind, heißt auch meine *mamma* natürlich Maria. Der Gedankensprung zur heiligen Maria und zu all den streng katholischen Sitten und Regeln, insbesondere für Frauen, ist natürlich nicht weit. Meist stellt man sich vor, dass sizilianische Frauen nicht arbeiten gehen, sondern zu Hause (hinter verschlossenen Holzläden) von morgens bis abends Pasta kochen, bis sie zu dicken gemütlichen *mamme* mutieren und ansonsten nur noch Ave Maria singen. Die gibt es vielleicht auch. Aber zu Hause bleiben und nur kochen ist ein Luxus, den sich eigentlich nur Reiche leisten konnten und können, und das waren die wenigsten Frauen auf Sizilien. Deshalb trifft man entgegen dieser Vorstellung viel mehr Frauen auf Sizilien, die arbeiten gingen und gehen.

Auch meine *mamma* war nie Hausfrau, sondern fing bereits im Alter von sechs Jahren an zu arbeiten. Dabei lernte sie auch das Kochen, und zwar so gut, dass sie, als sie in Deutschland als Küchenhilfe in einem Krankenhaus kochte, dazu berufen wurde, die letzten kulinarischen Wünsche schwer kranker und unheilbarer Patienten zu erfüllen.

Für mich kein Wunder, denn die Küche von *mamma* ist natürlich immer die beste aller Küchen weltweit – und darüber hinaus. Ich weiß nicht genau, warum Italiener diese *mamma*-ist-die-beste-Köchin-der-Welt-Obsession haben. Ich habe sie jedenfalls auch, und es war unumgänglich, dass mein erstes Kochbuch »Mamma Maria!« heißen sollte. Es war aber auch ganz klar, dass diese große Italienreise nicht ohne einen Besuch bei *mamma* und meiner restlichen Familie ablaufen könnte.

Also sitze ich jetzt auf Sizilien an einem Esstisch, allerdings nicht bei *mamma*, sondern bei Giusi, meiner ältesten Schwester, die heute für uns alle gekocht hat und das Essen auf ihrer großen Terrasse mit Blick auf den Ätna serviert. Meine Nichten Valeria und Chiara und mein Neffe Giuseppe, der seinen Freund Salvo zum Essen mitgebracht hat, sitzen auch dabei. Und während wir essen und reden, fällt das Gespräch auf Giusi (nicht meine Schwester). Giusi, eine junge Sizilianerin, hat 2013 mit zwei weiteren jungen Sizilianern, Saro und Giuseppe (nicht mein Neffe) ein Unternehmen gegründet und stellt dort vorwiegend Biomarmeladen aus sizilianischen Zitrusfrüchten her. Das macht sie alles aus dem Wunsch heraus, das geliebte Sizilien und seine mittlerweile durch Globalisierung entwerteten Zitrusfrüchte wieder aufzuwerten. Diese junge Frau möchte ich selbstverständlich kennenlernen!

Meine Schwester Giusi und meine Nichte Valeria fahren mit mir nach Carlentini, in die Gegend, wo es auf Sizilien mit die meisten Zitrusplantagen gibt. Dort haben auch Giusi Raudino, Rosario Circo und Giuseppe Floridia das »Laboratorio artigianale Biosolnatura« gegründet. Giusi ist eine sehr aufgeschlossene, positive junge Frau, die Marketing und Kommunikation studiert hat, bevor sie sich dazu entschied, »Sizilien ins Marmeladenglas« zu stecken. In ihrer Manufaktur arbeiten drei weitere Frauen, die alle Maria heißen. Es sind Frauen aus ihrem Dorf, die ihre Idee teilen und ihr, wo es nur möglich ist, helfen. Und so stehen sie in Weiß gekleidet nebeneinander, schneiden Blutorangen, und man spürt, dass alle drei Marias auch eine Art *mamma* für Giusi sind. Weil »le tre Marie« wussten, dass wir heute kommen, haben sie Selbstgemachtes mitgebracht. Und so genießen wir mit ihnen gemeinsam das Mittagessen in der Manufaktur.

Eine Insel voller Vitamine

Luxus ist, hinaus auf die Terrasse zu gehen, ein paar Orangen zu pflücken, in die Küche zurückzukehren und sich eine *spremuta*, einen frisch gepressten Saft, zu machen. Und das alles von der Natur geschenkt.

Sizilien ist nicht nur die Insel, wo die Zitronen, sondern auch wo die Orangen blühen. Am farbenprächtigsten sind natürlich die Blutorangen *Arancia rossa di Sicilia*, die das IGP Siegel *indicazione geografica protetta* (geschützte geografische Angabe) tragen. Dabei unterscheidet man drei Sorten: *Moro*, *Tarocco* und *Sanguinello*.

Anbaumittelpunkt ist der Osten Siziliens in den Provinzen von Catania, Enna, Ragusa und Syrakus. Ihren Reifehöhepunkt erreichen sie im kalten Januar, dann, wenn man viele Vitamine gegen die Kälte braucht. Zuerst reift die *Moro*, dann die *Tarocco* und zum Schluss die *Sanguinello* heran. Die Insel sieht dann wie ein Paradies aus, überall hängen die Bäume voller Früchte. Und oft bleiben sie leider auch dort hängen, weil sie niemand mehr will.

Für die Bauern rentiert sich das Geschäft immer weniger. Die Preise werden so sehr nach unten gedrückt, dass kaum noch einer diesen Aufwand betreiben bzw. die Kosten tragen kann, da diese höher als der Gewinn sind.

Helle Orangensorten werden mittlerweile nach Sizilien importiert. Das eigene Obst landet dafür auf dem Komposthaufen. Ein kleines Geschäft können die Sizilianer noch mit dem Piemont machen. Jedes Jahr zu Karneval findet in dem kleinen Ort Ivrea *la battaglia delle arance* statt. Für diese berühmte Orangenschlacht werden tonnenweise Orangen, die für wenig Geld gekauft werden, als Munition verbraucht.

Deshalb sind Menschen wie Giusi, Saro und Giuseppe wichtig, die – wenn auch im Kleinen – versuchen, das Bewusstsein wieder auf die Produkte aus dem eigenen Land zu lenken. Sie möchten die Menschen dazu bewegen, sich bewusst zu machen, welchen Luxus ihnen Mutter Erde bietet.

Aber nicht nur Vitamine kann man auf Sizilien von den Bäumen pflücken. Die Erde steckt – wenn nicht gerade von Menschenhand vergiftet – voller wertvoller Nährstoffe, die uns der lebhafte Vulkan Ätna ebenfalls kostenlos liefert. Alle Produkte, die wie die Blutorangen an den Hängen des Ätnas wachsen, enthalten einen hohen Anteil an Mineralstoffen und Vitaminen. Und das wiederum intensiviert den Geschmack der sizilianischen Produkte wie den der berühmten Pistazien aus der Stadt Bronte oder auch den des Olivenöls und der Weine (DOC Etna). Doch auch beim Honig aus der Ätnastadt Zafferana und bei den Milchprodukten von dort grasenden Tieren, wie der seltenen einheimischen Ziegenrasse mit dem Namen *capra Argentata dell'Etna*, schmeckt man die Herkunft.

Dies ist die natürliche Art, sich gesund zu ernähren. Und es ist kein Zufall, wenn man sich nach einer kulinarischen Sizilienreise ein bisschen gesünder fühlt.

Sicilia

Cassate di ricotta con marmellata

Küchlein mit Ricotta und Marmelade
von Giusi Raudino

Für 8–10 Personen
Zubereitungszeit 1 Stunde

250 g Ricotta
4 EL Zucker
1 Msp. Zimt, plus etwas Zimt zum Bestreuen
500 g Mehl (Tipo 00 oder Type 405)
20 ml Zitronensaft, frisch gepresst
1 Ei
20 ml Martini bianco
50 ml Milch
50 g Butter
250 g Mandarinenmarmelade
Puderzucker zum Bestreuen

Den Ricotta mit 2 EL Zucker und dem Zimt gut verrühren.

Das Mehl in eine Schüssel geben und in der Mitte eine Mulde bilden. Alle weiteren Zutaten außer der Marmelade und dem Puderzucker hineingeben und mit dem Mehl zu einem glatten, homogenen Teig verkneten. Den Teig in zwei gleich große Stücke teilen und 3–4 mm dünn ausrollen.

Den Backofen auf 200 °C vorheizen.

Aus dem Teig etwa 10 cm große Kreise ausstechen und bei jedem einen 1 cm hohen Rand durch Zusammendrücken an einigen Stellen formen. Wer will, kann auch gefettete Tartelettefömchen mit dem Teig auskleiden. Die fertigen Teigkörbchen auf ein mit Backpapier ausgelegtes Backblech setzen, mit dem Ricotta füllen und mit Marmelade bedecken.

Die Ricottaküchlein in 15 Minuten goldbraun backen. Aus dem Ofen nehmen, mit Puderzucker und einer Prise Zimt bestreuen und servieren.

»Furria Furria«

Käse-Salsiccia-Teigringe
von Maria Pezzino

Für 8–10 Personen
Zubereitungszeit 3 Stunden

Für den Teig
500 g Mehl (Tipo 00 oder Type 405)
11 g frische Hefe | 1 Prise Salz

Für die Füllung
Olivenöl | 10 g Salz
100 g Tomatenmark
200 g Provola (ersatzweise ein anderer milder Schnittkäse), klein gewürfelt
250 g Salsiccia vom Schwein
100 g glatte Petersilie, zerkleinert
250 g Parmigiano Reggiano oder Grana Padano, frisch gerieben
frisch gemahlener schwarzer Pfeffer oder Peperoncino

Das Mehl in eine Schüssel geben und in der Mitte eine Mulde bilden. Die Hefe und das Salz in 200 ml lauwarmem Wasser auflösen, in die Mulde geben und mit dem Mehl zu einem glatten Teig verkneten. Den Teig zu einer Kugel formen und abgedeckt 1 Stunde gehen lassen.

Den Teig in vier gleich große Stücke teilen und jedes so dünn wie möglich zu einem länglichen Rechteck ausrollen. Die Teigoberfläche mit etwas Olivenöl beträufeln, etwas salzen, mit dem Tomatenmark bestreichen und dann erneut leicht mit Olivenöl beträufeln. Erst den Provola und dann das Brät der Salsiccia über den Teig verteilen. Mit Petersilie und mit Parmesan bestreuen und etwas pfeffern. Den Backofen auf 150 °C vorheizen.

Jedes belegte Rechteck von der Längsseite her aufrollen und in drei gleich große Stücke schneiden. Diese dann zu Schnecken rollen und auf ein mit Backpapier ausgelegtes Backblech legen. Die Ofentemperatur auf 180 °C erhöhen und die Teigringe 20 Minuten backen.

Melanzane ripieni

Gefüllte Auberginen
von Mamma Maria

Für 4 Personen
Zubereitungszeit 40 Minuten, plus 1 Stunde Ruhezeit

4 Auberginen
1 große Prise Salz
6 Knoblauchzehen, geschält
140 g *Pecorino pepato siciliano*
　(ersatzweise *Pecorino romano* oder Parmesan)
4 Tomaten
4 Stängel Basilikum
etwa 8 EL natives Olivenöl extra
etwas getrockneter Peperoncino (nach Belieben)
4 EL frisch geriebener *Ricotta salata*
　(ersatzweise *Pecorino romano*)

Die Auberginen waschen und längs halbieren. In die Schnittfläche jeder Hälfte drei tiefe Längsschnitte einritzen, aber nicht bis zum Boden durchschneiden. Damit die Einschnitte gefüllt werden können, sollten sie etwas verbreitert werden. Die Auberginen salzen und für 1 Stunde beiseitestellen.

Die Auberginen gründlich abwaschen, leicht ausdrücken und mit Küchenpapier abtupfen. Den Knoblauch in Stifte schneiden. Den Pecorino in Scheiben schneiden. Zwei Tomaten vom Stielansatz befreien und in Stücke schneiden, die restlichen Tomaten enthäuten. Das Basilikum waschen und trocken schütteln, die Blätter abzupfen.

Pecorino, Tomatenstücke, Basilikumblätter und zwei Drittel des Knoblauchs auf die Auberginen geben und in die Einschnitte drücken. In zwei Pfannen mit hohem Rand die Hälfte des Olivenöls erhitzen. Die Auberginen mit der Schale nach unten in die Pfannen geben und zugedeckt bei mittlerer Temperatur etwa 10 Minuten braten, dann wenden und das restliche Öl zugeben. Die Auberginen zugedeckt bei geringer Temperatur weitere 10 Minuten garen, dann ein weiteres Mal wenden und den übrigen Knoblauch auf die beiden Pfannen verteilen. Die enthäuteten Tomaten ebenfalls zugeben und mit einer Gabel im Garsud grob zerdrücken. Den Sud bei Bedarf leicht salzen und nach Belieben mit Peperoncino würzen.

Die gefüllten Auberginen auf einer Platte oder auf Tellern anrichten, mit Tomatensud beträufeln, mit Ricotta salata bestreuen und nach Belieben mit weiterem Basilikum garniert servieren.

Notizia Das ist eines meiner Lieblingsrezepte, das bisher vergeblich auf seinen Platz in einem meiner Kochbücher gewartet hat. Schon für mein erstes Kochbuch »Mamma Maria!« hatte ich es eingeplant, aber dann reichte der Platz im Buch nicht aus. Das Rezept musste Geduld beweisen und bis zum nächsten Kochbuch warten. Dann war es soweit, mein zweites Kochbuch war in Arbeit, Fotos und Text für dieses Auberginenrezept waren druckfertig … Ich weiß nicht, wie das passieren konnte, aber bei der Buchgestaltung ist mir das Rezept doch tatsächlich durchgerutscht! Als alle Seiten gelayoutet waren, fiel es mir plötzlich auf. Doch nun haben die *melanzane ripieni* endlich ihren Weg gefunden!

La parmigiana di Mamma Maria

Auberginenauflauf
von Mamma Maria

Für 4 Personen
Zubereitungszeit 1 Stunde 10 Minuten, plus 1 Stunde zum Entwässern

4 mittelgroße Auberginen
3 Knoblauchzehen, geschält und gehackt | Olivenöl
500 g Tomaten, klein gewürfelt | Basilikumblätter
Salz | frisch gemahlener Pfeffer
70 g gekochter Schinken | 125 g Mozzarella
2 hart gekochte Eier, gepellt und in Scheiben geschnitten
100 g Parmesan, frisch gerieben, eventuell etwas mehr

Die Auberginen von den Stielansätzen befreien und quer in 1 cm dicke Scheiben schneiden. Diese in eine Schüssel schichten, jede Schicht salzen. Die Auberginen beschweren und beiseitestellen. Nach 1 Stunde die Flüssigkeit abgießen und die Scheiben unter fließendem Wasser abspülen, danach das Wasser herausdrücken. Die Auberginen abtrocknen und in viel heißem Öl goldbraun braten.

Zwei Drittel des Knoblauchs in heißem Öl golden anbraten. Die Tomaten hinzufügen. Etwas Basilikum dazugeben, salzen, pfeffern und die Sauce bei geringer Temperatur leicht einkochen lassen.

Den Backofen auf 200 °C vorheizen. Tomatensauce auf dem Boden einer flachen Auflaufform verteilen und mit einer Schicht Auberginen bedecken. Diese mit Schinken und Mozzarella belegen und mit Basilikum und etwas Knoblauch bestreuen. Die Eier darüberlegen. Eine Handvoll Parmesan darüberstreuen, mit etwas Tomatensauce überziehen und pfeffern. Das Schichten wiederholen, bis alle Zutaten verbraucht sind. Die letzte Auberginenschicht nur mit der restlichen Tomatensauce gut bedecken, mit viel Parmesan bestreuen und noch mit etwas Olivenöl beträufeln. Den Auflauf etwa 30 Minuten im Ofen backen.

Caponata con polpo

Sizilianischer Gemüsetopf mit Krake

Für 4–6 Personen
Zubereitungszeit 1 Stunde 30 Minuten

Für die Kraken

1 kg Krake, küchenfertig vorbereitet | Salz
  (vozugsweise Mini-Kraken, da diese zarter sind)
1 Lorbeerblatt
Abgeriebene Schale von ½ unbehandelten Zitrone
1 Knoblauchzehe | Olivenöl

Für die Caponata

3 mittelgroße Kartoffeln, geschält
1 Aubergine, vom Stielansatz befreit
3 kleine Paprikaschoten (grün und rot), geputzt
Olivenöl
1 große Zwiebel, geschält und klein geschnitten
2 EL Kapern | 10 grüne Oliven
1 frischer Peperoncino, gehackt
1 Stange Staudensellerie, in Stücke geschnitten
400 g reife Tomaten
1 EL Zucker | 125 ml Weißweinessig
1 EL gehacktes Basilikum | Salz

In einem großen Topf Salzwasser mit dem Lorbeer und der Zitronenschale aufkochen. Die Krake mit dem Fleischklopfer weich klopfen, waschen und dreimal für 5 Sekunden ins kochende Wasser tauchen. Danach die Krake ganz hineingeben und 30 Minuten kochen. Den Topf vom Herd nehmen und die Krake im Wasser abkühlen lassen.

Die Kartoffeln, Aubergine und Paprika in große Stücke schneiden. Jede Gemüsesorte einzeln in heißem Öl anbraten, bis das Gemüse halb gar ist.

Öl in einer Pfanne erhitzen und die Zwiebel mit den Kapern, Oliven, dem Peperoncino und Sellerie anbraten. Die Tomaten kurz in heißes Wasser tauchen, enthäuten, von den Stielansätzen befreien, klein schneiden und dazugeben, etwas einkochen lassen. Den Zucker und Essig unterrühren. Die Kartoffeln hinzufügen und garen. Sollten sie noch nicht weich, die Sauce aber schon sehr eingekocht sein, noch etwas Wasser dazugießen. Sobald die Kartoffeln gar sind, die Auberginen- und Paprikastücke und das Basilikum hinzufügen, salzen und köcheln lassen. Die Krake in Stücke schneiden und in einer Pfanne mit etwas Olivenöl und einer geschälten, zerdrückten Knoblauchzehe kurz anbraten. Dann die Krake zur Caponata in den Topf geben und kurz mitgaren.

Dieses Gericht kann warm gegessen werden. Besser schmeckt es aber, wenn es zugedeckt wird und vollständig abkühlen kann. Dann haben sich alle Aromen gut vermischt.

Insalata di finocchi

Fenchelsalat

Für 4–6 Personen
Zubereitungszeit 30 Minuten

3 Knollen Gemüsefenchel | 3 Blutorangen
200 g Kirschtomaten (vorzugsweise aus Pachino)
2 große Frühlingszwiebeln, geputzt
10 schwarze Oliven mit Stein, in Salz eingelegt
Saft von 1 Zitrone
1 EL Schnittlauchröllchen
1 EL gehackte glatte Petersilie
Olivenöl extra vergine | Salz
1–2 getrocknete kleine Peperoncini

Die Stiele des Fenchels sowie den harten Strunk entfernen. Die Knollen vierteln, waschen und in dünne Streifen schneiden. Die Orangen mitsamt der weißen Haut schälen, in nicht zu dünne Scheiben schneiden und diese vierteln. Die Tomaten ebenfalls vierteln.

Die Frühlingszwiebeln in feine Ringe schneiden. Die Oliven entsteinen. Diese Zutaten in eine große flache Salatschüssel geben. Den Zitronensaft mit dem Schnittlauch, der Petersilie und dem Olivenöl verrühren, mit Salz und Peperoncino abschmecken und über den Salat geben. Alles gut miteinander vermischen, etwas ziehen lassen und dann servieren.

Sardegna

Von essbarer Kunst und Hirten – zu Besuch bei Sebastiano und Matteo Secchi

Agriturismo Testone | Azienda agricola
Nuoro (NU) Italia

Barbagia, su filindeu, Pecorino Sardo DOP, sebadas, Nuoro, carciofi spinosi, Olbia, bottarga di muggine, Cannonau DOC, pane carasau, malloreddus, corigheddos, lorighittas, porchetto, sughero, Alessandro Tamponi, Testone, Costa Smeralda

Sardegna

Meine letzte Station dieser großen Italienreise ist Sardinien, die zweitgrößte Insel im Mittelmeer nach Sizilien. Ich lande auf der Insel voller Vorurteile und schlechter Erinnerungen und verlasse sie ein paar Tage später unerwartet verliebt.

Das erste Mal kam ich zusammen mit meinen Eltern per Schiff auf die Insel. Wir gingen würgend und grün vor Übelkeit in Sardinien von Bord und entschieden, den Rückweg nicht mehr per Schiff, sondern per Flugzeug anzutreten. Da wir einige Tage auf unseren Rückflug warten mussten, besuchten wir die berühmte Costa Smeralda – Ort der Schönen und Reichen. Aber auch ein Ort der Arroganz, der uns in teuren, wallenden Gewändern zu verstehen gab, dass wir bestimmt nicht hierher gehörten. Wir flüchteten sofort zurück nach Olbia und waren nur froh, Sardinien so schnell wie möglich wieder verlassen zu können – obwohl das sardische Meer das schönste der Welt ist.

Jetzt sitze ich wieder in Olbia in einem kleinen Hotel. Diesmal allein und diesmal will ich nicht zum Ort der Schönen und Reichen, sondern ins Herz Sardiniens, ins Innere der Insel. Ich möchte in die Barbagia, dorthin, wo sich früher die Banditen versteckt haben und wo die Menschen noch so sind wie auf den Bildern von Alessandro Tamponi. Der Künstler aus Nuoro, dessen Bilder am Flughafen von Olbia hängen, stellt die Sarden in liebevollen Karikaturen so dar, wie man es ihnen nachsagt zu sein: in alten Traditionen verhaftet und am Hirtendasein festhaltend.

Diese sardischen Traditionen möchte ich bei Sebastiano Secchi kennenlernen, der auf der Hochebene Sa Serra, 23 km von Nuoro entfernt, den »Agriturismo Testone« seit über 33 Jahren betreibt und als Pionier auf diesem Gebiet gilt. Sein *agriturismo* kann sich wirklich so nennen, denn auf seinen 350 Hektar Land leben nicht nur Kühe, Schafe, Schweine, Pferde, Esel, Bienen (und Unmengen Hunde und Katzen), sondern er baut auch sein eigenes Gemüse und Obst an und stellt seinen Käse, seine Wurst und seinen Wein selbst her (der beste Cannonau, den ich je getrunken habe).

Die Zimmer, die er vermietet, hat er im Stil und mit Materialien der Barbagia restauriert und sie nur mit dem Nötigsten ausgestattet – ohne Fernseher und ohne WLAN. Wer an diesen Ort kommt, kann vom Leben selbst lernen und kann sich mit Fragen direkt an Sebastiano wenden, der jeden Tag zusammen mit den Gästen isst. Viele der Räume, in denen sich die Gäste aufhalten, sind mit jahrhundertealten landwirtschaftlichen Utensilien geschmückt, die von alten Zeiten erzählen, welche hier noch, so gut es geht, gepflegt werden. Sebastianos Opa betrieb hier schon Landwirtschaft und Viehzucht, und als er starb übernahm Sebastianos Vater im Alter von 14 Jahren den Hof. Sebastiano, der Landwirtschaft studiert hat und neben dem Führen seines *agriturismo* lange auch Landwirtschaft lehrte, ist hier nicht aufgewachsen. Aber als kleiner Junge verbrachte er hier stets seinen Sommerurlaub. Deshalb ist das, was er jetzt tut, nicht nur Arbeit, sondern eine Erinnerung an seine Kindheit und die Fortführung dessen, was seine Vorfahren angefangen haben. Für ihn bedeutet die Fortführung auch Wertschätzung für seinen Opa und seinen Vater, und die hat er auch vor der ganzen Natur, die man nicht ausbeuten sollte, sondern achten muss, wie er betont.

Von seinen drei Kindern tritt sein ältester Sohn Matteo in seine Fußstapfen und kümmert sich nicht nur um die Tiere, den Hof und das Bürokratische, sondern kocht auch genauso hervorragend wie sein Vater für die Gäste. Die nächsten Tage werde ich einige außergewöhnliche Speisen kennenlernen und feststellen, dass die Sarden gerne kulinarische Kunstwerke essen, in die man sich verlieben kann.

Das Zauberland der Hirten

Schon auf dem Weg durch die Hochebene Sa Serra zum »Agriturismo Testone« fallen mir merkwürdige Bäume auf, die am Stamm keine Rinde besitzen, sondern stattdessen eine rostrote Farbe aufweisen. Matteo, der mich mit seinem Auto in Olbia abgeholt hat, erzählt mir, dass es sich um *sughera*, Korkeichen, handelt, von denen *sughero*, Kork, gewonnen wird.

In Sardinien wird *sughero* nicht nur zu Weinkorken verarbeitet, sondern findet sich als jede nur denkbare Art Gebrauchsgegenstand wieder. In einem Café in Olbia servierte man mir meinen sardischen *casadinas* zum Beispiel auf einem Korkteller in Herzform. Die Korkeichen, die eine märchenhafte Stimmung in der sardischen Landschaft verbreiten, sind vor allem das Wahrzeichen der inneren Gallura im Nordosten der Insel.

Kurz bevor wir in Testone ankommen, sehe ich die ersten freilaufenden Schafe jeder Größe und jeden Alters. Schafe sind ein weiteres Wahrzeichen der Insel. Sardinien ist in erster Linie – auch wenn es die jungen Sarden nicht gerne hören – ein Land der Hirten. Auf Sardinien leben mehr Schafe als Menschen – etwa 300 Millionen Schafe und etwa 1,6 Millionen Menschen. Auch wenn der Thunfischfang aus Carloforte und Alghero und der Hummerfang einen wirtschaftlichen und gastronomischen Wert für die Insel haben, liegt der wirkliche Charakter dieser Insel nicht am Meer, sondern im Landesinneren.

In dieser Natur, die so ganz eigen ist, entstehen nicht nur Produkte von hoher Qualität, wie der berühmte Schafsmilchkäse *Pecorino Sardo DOP* oder die zwei von Slow Food geförderten Käsesorten, der *Casizolu* aus Kuhmilch und der *Fiore Sardo DOP* aus Schafsmilch, bei denen man die Qualität der Weiden, auf denen Schafe, Ziegen und Kühe grasen, herausschmeckt. Auch die ganz eigensinnigen Formen mit denen die Produkte in zeitaufwendiger Handarbeit hergestellt werden, sind ganz typisch für hier, sei es Brot-, Pasta-, *dolci*- oder auch Käseteig. Dabei sind das keine Formen, die schnell von der Hand gehen. Der Wert dieser Produkte, ist die Zeit, die darin steckt.

Unter den Pastaformen sind vor allem die *su filindeu* (siehe Seite 307) zu erwähnen, deren magische Produktion man sich unbedingt mal anschauen sollte, sowie die *lorighittas* (siehe Bild oben links), geflochtene Nudelovale, und die *culurgiones*, sardische Ravioli, die mit einem Zopfmuster verschlossen werden. Unter den *dolci* faszinieren die *corigheddos* (siehe Bild unten links), ebenfalls wunderschön sind die *pistiddu*. Aber auch Brot wie *coccoi* und Hochzeitsbrote (siehe Bild rechts unten) und Käse wie der *trizza* aus Kuhmilch werden kunstvoll geformt.

Man hat den Eindruck: Alles, was sich formen lässt, wird von den zauberhaften Händen der Sarden auch geformt, und man fährt ein bisschen verzaubert wieder nach Hause.

Sardegna

299

Pane frattau

Sardische »Lasagne«
von Sebastiano Secchi

Für 2 Personen
Zubereitungszeit 45 Minuten

Olivenöl
500 g passierte Tomaten *(passata)*
Salz
1 Handvoll Basilikum, Blätter zerzupft
1 l heiße Brühe oder heißes Wasser
6–8 Blätter *Pane Carasau* (Sardisches Hirtenbrot)
80 g sardischer Pecorino, frisch gerieben
2 EL Essig
2 Eier

In einer Pfanne reichlich Olivenöl erhitzen. Die passierten Tomaten dazugeben und zugedeckt einige Minuten kochen lassen. Den Deckel abnehmen, ½ Glas Wasser, Salz und das Basilikum dazugeben und bei mittlerer Temperatur etwas einkochen lassen.

In einem Topf die Brühe oder das Wasser erhitzen. Das Brot so durchbrechen, dass es in einem länglichen Teller Platz findet. Ein Stück davon mit einer Schaumkelle in die Brühe tunken, kurz einweichen lassen, herausnehmen, abtropfen lassen, in den Teller legen und mit etwas Tomatensugo bedecken. Dann eine zweite Scheibe in die Brühe tunken, herausnehmen, etwas überlappend auf die erste Scheibe legen, mit etwas Tomatensugo bedecken und mit etwas Pecorino bestreuen. So fortfahren, bis die Hälfte der Zutaten verbraucht ist. Die restlichen Zutaten in den zweiten Teller schichten.

In einem Topf 1 l Wasser mit 2 EL Essig zum Sieden bringen. Ein Ei in eine Kelle aufschlagen, das Ei mitsamt Kelle ins Essigwasser tauchen und etwas stocken lassen. Dann das Ei ins Wasser gleiten lassen und mit einem Holzlöffel das Wasser 3–5 Minuten so bewegen, dass ein Strudel entsteht, der dafür sorgt, dass das stockende Eiweiß das Eigelb umschließt. Das pochierte Ei mit einem Schaumlöffel herausheben und auf eine Portion geben. Das andere Ei ebenso pochieren, auf den zweiten Teller geben und sofort servieren.

Notizia Das bekannteste Brot der Sarden, ist der *Pane Carasau*, hergestellt aus Wasser, Hefe, Hartweizenmehl und Salz. Wird ihm zusätzlich noch Olivenöl zugefügt oder wird er mit Kräutern verfeinert, heißt er *pane guttiàu*. Es ist das Brot der Hirten, die es aufgrund seiner guten Haltbarkeit während der Transhumanz (Wanderweidewirtschaft) als Proviant mitnahmen.

Abbinamento consigliato Zu allen Speisen trinken wir immer Sebastianos Hauswein, den er aus der antiken Rebsorte Cannonau keltert, und der für mich zum besten Wein meiner ganzen Reise wird. Sebastiano erzählt und ich notiere, dass beispielsweise der berühmteste Cannonau der Nepente aus der Gemeinde von Oliena ist. Dieser Ort sowie Dorgali, Mamoiada, Ogliastra und Teile von Nuoro zählen zu den Cannonau-Anbaugebieten.

Andere wichtige sardische DOC-Rotweine werden aus den Rebsorten Carignano und Monica gewonnen. Unter den sardischen Weißweinen zählen der DOCG Vermentino di Gallura, der Vernaccia di Oristano, der Malvasia di Bosa und noch einige mehr, die ich dann aber nicht mehr notiere, zu den Bekanntesten.

Sebadas

Frittierte Käsetaschen
von Sebastiano Secchi

Für 10 Stück
Zubereitungszeit 40 Minuten, plus 30 Minuten Ruhezeit

Für den Teig
1 kg Hartweizengrieß *(semola di grano duro)*
200 g Schweineschmalz
3 Eier
1 gehäufter TL Salz
neutrales Frittieröl (beispielsweise Sonnenblumenöl)
10 EL Honig zum Beträufeln

Für die Füllung
500 g junger sardischer Pecorino (ersatzweise Provoletta oder zur Not Kochmozzarella)
abgeriebene Schale von 1 unbehandelten Zitrone

Den Grieß, das Schmalz, die Eier und das Salz zu einem glatten und elastischen Teig verkneten und diesen abgedeckt 30 Minuten bei Zimmertemperatur ruhen lassen. Den Käse reiben und mit der Zitronenschale verkneten.

Etwas Mehl auf die Arbeitsplatte streuen und den Teig darauf etwa 2 mm dick ausrollen. Daraus 20 Kreise von etwa 10 cm Durchmesser ausstechen. Die Füllung auf zehn Kreise geben, dabei rundherum jeweils einen 1 cm breiten Rand frei lassen. Den Teigrand mit etwas Wasser anfeuchten. Jeden Kreis mit einem zweiten Teigstück bedecken, die Ränder fest zusammendrücken und mit einem Teigrädchen nachschneiden.

Das Frittieröl in einem Topf mit flachem Rand erhitzen und die *sebadas* portionsweise darin goldbraun ausbacken. Auf Küchenpapier abtropfen lassen. Den Honig in einem kleinen Topf erwärmen, die *sebadas* damit übergießen und noch warm servieren.

Maccarrones cravaos

Sardische Pasta
von Sebastiano Secchi

Für 10 Personen
Zubereitungszeit 1 Stunde, plus 30 Minuten Ruhezeit

Für den Tomatensugo
Olivenöl
1,2 l passierte Tomaten *(passata)* | Salz
1–2 Handvoll Basilikumblätter, zerzupft
250–350 g sardischer Pecorino, frisch gerieben

Für die *maccarrones*
1 kg Hartweizengrieß *(semola di grano duro)*
1 gehäufter TL Salz | 3 Eier

In einer Pfanne reichlich Olivenöl erhitzen. Die passierten Tomaten dazugeben und zugedeckt einige Minuten kochen lassen. Den Deckel abnehmen, 1 ½ Gläser Wasser, Salz und das zerkleinerte Basilikum dazugeben und den Sugo bei mittlerer Temperatur einkochen lassen.

Den Grieß mit dem Salz mischen und auf die Arbeitsfläche häufen. In der Mitte eine Mulde bilden, die Eier hineinschlagen und anfangen zu kneten. Nach und nach 100–120 ml Wasser dazugeben und so lange kneten, bis ein homogener und kompakter Teig entsteht. Den Teig abgedeckt bei Zimmertemperatur 30 Minuten ruhen lassen.

Aus dem Teig lange Rollen mit einem Durchmesser von etwa 7 mm formen, diese in etwa 7 mm lange Stücke schneiden und so über ein Gnocchibrett rollen, dass Rillen auf einer Seite entstehen und der Teig sich an den Rändern einrollt. Die fertigen *maccarrones* auf ein bemehltes Tuch legen und fortfahren, bis der ganze Teig verbraucht ist. Die *maccarrones* etwas antrocknen lassen und dann in reichlich Salzwasser in 3–4 Minuten al dente kochen.

Die Pasta gut unter den Tomatensugo mischen, auf Tellern anrichten, mit reichlich geriebenem Pecorino bestreuen und sofort servieren.

Sardegna

305

Su filindeu in brodo

Pasta in Schafsbrühe mit Schafskäse
von Sebastiano Secchi

Für 4 Personen
Zubereitungszeit 10 Minuten
plus 25–35 Minuten Garzeit für die Brühe

Für die Brühe
1 kg Schafsfleisch (ersatzweise Rindfleisch)
1 Stange Staudensellerie
2 Zwiebeln, geschält
2 getrocknete Tomaten
2 Karotten, geputzt
1 Handvoll Basilikum
Salz

Für den *filindeu*
150 g *filindeu* (sardische Pasta), ersatzweise Engelshaar
150 g junger sardischer Pecorino (ersatzweise ein anderer junger Kuhmilchkäse), in kleine Würfel geschnitten
selbst gemachte Brühe (siehe oben)

In einem großen Topf 2 l Wasser aufsetzen. Das Fleisch in 70–80 g schwere Stücke schneiden und hineingeben. Den Staudensellerie durchschneiden und mit den Zwiebeln, Tomaten und Karotten, dem Basilikum und etwas Salz in das Wasser geben. Die Brühe 25–35 Minuten kochen, bis das Fleisch zart ist.

Die Brühe durch ein Sieb gießen und für jede zu bewirtende Person eine große Kelle voll erneut in den Topf geben. Fleisch und Gemüse anderweitig verwenden, beispielsweise für die *patate in cappotto*.

Die Brühe in dem Topf erneut auf den Herd stellen und erhitzen. Die Pasta hineingeben. Den gewürfelten Pecorino unter vorsichtigem Rühren zur Brühe geben und alles kurz gar kochen. Die Suppe in Teller schöpfen und sofort servieren.

Notizia Auf ganz Sardinien gibt es nur zwei Familien, die diese traditionelle Pasta aus der Barbagia um Nuoro herum herstellen bzw. das Patent zur Herstellung besitzen. Der Teig aus Hartweizengrieß, Wasser und Salz wird in der Regel in Suppen serviert. Die Fertigung per Hand ist ein aufwendiges Verfahren, das ein wenig wie Zauberei wirkt. Dabei wird der Teig so gezogen, dass er immer dünnere und längere Fäden bildet, die dann auf ein großes rundes Geflecht aus Affodillblättern zum Trocknen gelegt werden. Die Pasta wird in dieser runden Form verkauft. In der Küche werden einfach Stücke davon abgebrochen und gekocht. Da die Nudelfäden so dünn sind, vermutet man, dass sich *su filindeu* von *i fili di Dio* herleitet, also die Fäden bzw. Haare Gottes. Manche übersetzen ihn auch mit die Haare der Engel.

Patate in cappotto

Schafsbrühe mit Kartoffeln und Schafsfleisch
von Sebastiano Secchi

Für 4 Personen
Zubereitungszeit 10 Minuten, plus 25–35 Minuten Garzeit für die Brühe

1 kg Schafsfleisch (ersatzweise Rindfleisch)
1 Stange Staudensellerie
2 Zwiebeln, geschält
2 getrocknete Tomaten
2 Karotten, geputzt
1 Handvoll Basilikum
Salz
8 Kartoffeln, geschält

In einem großen Topf 2 l Wasser aufsetzen. Das Fleisch in 70–80 g schwere Stücke schneiden und hineingeben. Den Staudensellerie durchschneiden und mit den Zwiebeln, Tomaten und Karotten, dem Basilikum und etwas Salz in den Topf geben. Nach 12–17 Minuten, wenn das Fleisch halb gar ist, die Kartoffeln in die Brühe geben und alles fertig garen. Das Fleisch mit etwas Gemüse und den Kartoffeln auf Tellern anrichten und servieren. Die Brühe anderweitig verwenden, beispielsweise für den *su filindeu in brodo*.

Porcetto

Sardisches Spanferkel im Ofen
von Sebastiano Secchi

Für 15 Personen
Zubereitungszeit 10 Minuten
plus 1 Stunde 40 Minuten Garzeit

½ Spanferkel (4–5 kg), küchenfertig vorbereitet
Olivenöl extra vergine
Salz

Den Ofen auf 190 °C vorheizen.

Das Spanferkel entweder in Stücke schneiden oder (falls der Ofen es erlaubt) im Ganzen lassen, auf ein leicht eingeöltes Ofenblech legen und 1 ½–1 ¾ Stunden im Ofen braten, bis das Fleisch gar ist. Austretende Flüssigkeit immer wieder entfernen, da das Spanferkel trocken bleiben muss. Das Fleisch während der Garzeit ein- bis zweimal wenden und kurz vor dem Ende der Garzeit salzen.

Notizia In der Regel wird der typische sardische *porcetto*, der aus 40 Tage alten Ferkeln zubereitet wird, die nicht mehr als 9–10 kg wiegen, am offenen Feuer gegrillt. Für die Zubereitung zu Hause kann man wie hier einen Backofen verwenden. Allerdings sollte nicht der Grill verwendet werden!

Agnello in umido

Geschmortes Lammfleisch
von Sebastiano Secchi

Für 4 Personen
Zubereitungszeit 2 Stunden

Olivenöl extra vergine
2 Knoblauchzehen, geschält
1,2 kg Lammfleisch, in Stücke von je 70–80 g geschnitten
2 Lorbeerblätter
1 Stängel Thymian
2 getrocknete Tomaten, zerkleinert
120–130 ml Weißwein
10 grüne Oliven mit Stein
Salz

In einer großen Pfanne reichlich Olivenöl erhitzen. Eine Knoblauchzehe darin kurz anbraten und wieder herausnehmen. Das Fleisch hineingeben und etwas bräunen. Danach die Lorbeerblätter, den Thymian und die Tomaten hinzufügen. Die zweite Knoblauchzehe zerkleinern und ebenfalls dazugeben.

Sobald das Fleisch schön Farbe angenommen hat, mit dem Weißwein ablöschen und den Wein verdampfen lassen. Alles 1 Stunde bis 1 Stunde 20 Minuten bei mittlerer Temperatur schmoren lassen. Dabei nach und nach ein Glas Wasser angießen. Die ersten 30 Minuten ohne Deckel schmoren, dann den Deckel auflegen. 15–20 Minuten vor Ende der Garzeit die Oliven dazugeben. Das geschmorte Lammfleisch mit Salz würzen und als zweiten Gang servieren.

Notizia Sebastiano gibt 30 Minuten vor Ende der Garzeit noch wilden Fenchel dazu. Wenn man ihn nicht findet, kann man auch einige Samen vom wilden Fenchel dazugeben.

Adressen

Abruzzo
Marianna Colantoni
Foodblogger & Social Media Specialist
www.tastefromabruzzo.com
www.lamacchiarola.it
zusätzlich:
Giulia Scappaticcio | www.casalecenturione.it
Rifugio della Rocca | www.rifugiodellarocca.it
Sextantio Albergo Diffuso | www.sextantio.it

Aosta
Karin und Corrado Gontier
B&B Gran Paradiso
www.bbgranparadiso.com
zusätzlich:
Laurette Proment | www.lovevda.it
La Vrille | www.lavrille.it
La Clusaz | www.laclusaz.it
La Cooperativa Fontina | www.fontina-valledaosta.it
Maison Bertolin s.r.l. | www.bertolin.com
De Bosses s.r.l. | www.debosses.it
Il castello di Issogne | www.comune.issogne.ao.it

Basilicata
Famiglia Perrone
Pane & Pace
www.paneepace.it

Calabria
Famiglia Librandi
Tenute Librandi Pasquale
www.librandi.bio

Campania
Enzo Coccia
Pizzaria La Notizia
www.pizzarialanotizia.com
zusätzlich:
'E Curti – di Angela Ceriello | www.e-curti.it
Festa a Vico di Gennaro Esposito | www.festavico.com
Villa Eliana | www.villaeliana.com
La Bifora | Via Virgilio 210, Bacoli

Emilia-Romagna
Laila Tentoni, Carla Brigliadori, Adele Casadio,
Susy Patrito Silva
Casa ARTUSI
Cultura Gastronomica della Cucina Domestica Italiana
www.casartusi.it
zusätzlich:
Osteria Enoteca Ca' de Bè | www.cadebe.it

Friuli-Venezia Giulia
Famiglia La Porta
Pasticceria La Bomboniera di La Porta Gaetano
www.pasticcerialabomboniera.com
zusätzlich:
Buffet da Pepi | www.buffetdapepi.it

Lazio
Maria, Anna & Egidio Guarnacci
Ristorante Nino
www.ristorantenino.it
zusätzlich:
Casale Marchese | www.casalemarchese.it
Azienda Agricola Seri Mario & Franco | Ladispoli
Francesca Gräfin von Beust-Luti | www.vinoecamino.de
Buchhandlung Glückstein | www.buchhandlung-glueckstein.de

Liguria
Giorgia Losi
Trattoria dell'Acciughetta
www.acciughetta.it

Lombardia
Alessandro Melazzini
Giornalista, produttore e regista
www.alpenway.com
zusätzlich:
Tato Sozzani | www.pirovano.it
Daniela Rogna | Mamma & Cuoca casalinga, Milano
Amaro Braulio | www.amarobraulio.it

Marche
Roberto Paoletti
Balneare Antonio
www.balneareantonio.it
Martina Regnicolo
www.officinadellagastronomia.it
zusätzlich:
Il mago del Brodetto | www.hotelbianchinicola.it

Molise
Famiglia Di Nucci
Caseificio Di Nucci Antonio di Franco Di Nucci
www.caseificiodinucci.it
zusätzlich:
Caffè Letterario | www.caffeletterarioagnone.it
Il Baglivo B&B | www.ilbaglivo.it

Piemonte
Lapo Querci
Tavole Accademiche
Università degli Studi di Scienze Gastronomiche
www.unisg.it

Puglia
Cesare Fiorio
Masseria Camarda
www.masseriacamarda.it
zusätzlich:
Angelo Palmisano, Salvatore Bellanova |
    www.comune.ceglie-messapica.br.it
Med Cooking School | www.medcookingschool.it
Antonella Ricci | www.alfornellodaricci.com
Antimo Savese | www.terramora.com
Osteria del Capitolo | www.osteriadelcapitolo.com

Sardegna
Sebastiano Secchi & Matteo Secchi
Agriturismo Testone
www.agriturismotestone.com
zusätzlich:
Alessandro Tamponi | www.pitturatamponi.it
Anticas Licanzias | www.anticaslicanzias.it

Sicilia
Giusi, Saro und Giuseppe
Biosolnatura s.r.l.
www.biosolnatura.it
zusätzlich:
Mamma Maria! | www.mammamariasicilia.blogspot.com

Toscana
Cristina Bindi & Paolo Traversari
Le Bindi – Bottega di Cuoco
www.lebindi.it
zusätzlich:
Macelleria Iacomoni Aldo |
    Piazza Gamurrini 29, Monte San Savino

Trentino-Südtirol
Harald Gasser & Famiglia Gasser
Aspinger Raritäten
www.aspinger.com
zusätzlich:
Alexander Gantioler | www.hausanderluck.it

Umbria
Famiglia Fabrizi
Agriturismo Malvarina
www.malvarina.it
zusätzlich:
Il Tartufo di Paolo | www.iltartufodipaolo.com
La Porchetta di Giuliani Carlo & Cesare |
    Piazza Fifi Umberto 5, Costano
Norcineria Pizzoni | www.norcineriaumbra.it
Forno Santa Rita | Via Napoli 4/6, Foligno
La Campagnola |
    Via Capitolo delle Stuoie 15, S. Maria degli Angeli
Cantina Terre de' Trinci | www.terredetrinci.com

Veneto
Trattoria Ca' D 'Oro alla Vedova |
    Calle del Pistor 3912, Venezia
Cantine del Vino già Schiavi| www.cantinaschiavi.com
Osteria Cantina do Spade | www.cantinadospade.com
Cantina Do Mori | Calle dei Do Mori 429, Venezia

Register

A

Acciughe al verde con baccala mantecato 34
Agnello in umido 308
Agnolotti di magro 37
Agnone 206
Agriturismo Testone 296
Aosta 44
Artischocke 180
  Artischocken römischer Art vom Restaurant »Nino« 184
  Frühlingsgericht mit Erbsen, Dicken Bohnen
    und Artischocken 187
Artusi, Pellegrino 116
Aspingerhof 76
Assisi 160
Aubergine
  Auberginenauflauf 291
  Gefüllte Auberginen 288
  Sizilianischer Gemüsetopf mit Krake 292
Azienda agricola Librandi 236
Azienda Agricola Seri Mario & Franco 180

B

Bacaro 104
Baccala con peperoni cruschi di Senise IGP 258
Backe vom Fassone-Rind mit Kürbispüree 34
Bagnun di acciughe del marinaio 25
Balneare Antonio 148
Barbian 76
Basilikum
  Chitarrina mit Zucchinipesto 199
  Crostini mit marinierten Zucchini 145
  Pasta mit Zitrone und Basilikum 233
  Pizza mediterraner Art 229
  Pizza mit vier Tomatenarten 228
  Pizza mit Zitrone 225
  Sardisches Hirtenbrot mit Tomatensugo und Pecorino 303
  Tagliatelle mit rustikaler Tomatensauce 123

Tomaten-Mozzarella-Salat 232
Toskanischer Tomaten-Brot-Salat 144
Trofie mit Basilikumpesto 20
Bonèt 38
Bra 30
Braciole al sugo di carne di cavallo 270
Braulio 62
Bresaola
  Käse in Buchweizenteig mit Bresaola 69
  Pizza mit Zitrone 225
Brodetto 152
Brot
  Brotkuchen mit Amaretti und Kakao 73
  Bruschetta aus Matera 257
  Crostini mit marinierten Zucchini 145
  Eier-Käse-Bällchen in Tomatensauce 200
  Fischsuppe aus Porto Recanati 152
  Fladenbrot aus der Emilia-Romagna 122
  Fladenbrot mit Walnüssen und Rosinen 169
  Fladenbrot-Sardellen-Turm 25
  Hühnersuppe mit Brot, Fleischbällchen
    und Caciocavallo 212
  Käsefondue 53
  Rote-Bete-Knödel in Gorgonzolasauce 86
  Sardisches Hirtenbrot mit Tomatensugo und Pecorino 303
  Suppe Vapellenetse 51
  Süßes Brot mit Trauben 138
  Tiramisu aus Süditalien mit Ricotta & Brot 260
  Toskanischer Tomaten-Brot-Salat 144
Bruschetta aus Matera 247
Bucatini all'amatriciana 191
Buchweizen
  Buchweizennudeln 66
  Käse in Buchweizenteig mit Bresaola 69
  Buchweizenmus mit Holunderbeerensirup 85
Büffelmozzarella
  Pizza mit vier Tomatenarten 228
  Pizza mit Zitrone 225
  Tomaten-Mozzarella-Salat 232

C

Caciocavallo 208
Cantucci toscani 138
Caponata con polpo 292
Carciofi alla romana 184
Carlentini 280
Caseificio Di Nucci Antonio 206
Casizolu 298
Cassate di Ricotta con Marmellata 284
Ceglie Messapica 264
Chitarrina con pesto di zucchine 199
Chitarrina mit Zucchinipesto 199
Chitarrine al nero di seppia con baccala, pancetta croccante e pecorino di fossa 154
Chitarrine, Schwarze, mit Stockfisch, Pancetta und Schafskäse 154
Ciambellone »duro« di Nonna Teresa 157
Cicchetti 104
Cicoria ricamata (verdura con stracciatella di uovo in brodo di gallina) 216
Cipolline in agrodolce balsamico 128
Coppa di maiale 165
Cosciotto di agnello imbottito 216
Crostatina alle mele con gelato al latte di capra 276
Crostini con le zucche 145
Crostini mit marinierten Zucchini 145
Crostini mit Trauben, Tomaten und Mohn 137

E

Eisenwaffeln 203
Erbse
  Frühlingsgericht mit Erbsen, Dicken Bohnen und Artischocken 187
  Gemüsesuppe 144
  Hülsenfrüchtesuppe mit Dinkel 169
Erdmandel
  Kapuzinerkresseblüten mit Ziegenkäse und gerösteten Erdmandeln 85
  Karottenkuchen mit Erdmandeln 83

F

»Furria Furria« 285
Fedda rossa 257
Fenchelsalat 292
Ferratelle 203
Fettuccine mit Steinpilzen und Tintenfisch 23
Fettuccine saltate con porcini e seppie 23
Fiadoni 201
Filindeu, Pasta in Schafsbrühe mit Schafskäse 307
Fior di latte, Pizza mit vier Tomatenarten 228
Fiore Sardo DOP 298
Fladenbrot aus der Emilia-Romagna 122
Fladenbrot mit Walnüssen und Rosinen 169
Fladenbrot-Sardellen-Turm 25
Fleischbällchen, Frittierte 110
Fondue, Käsefondue 53
Fonduta alla Valdostana 53
Fontina DOP 44
Forlimpopoli 116
Frühlingsgericht mit Erbsen, Dicken Bohnen und Artischocken 187
Fusilli alla ratatouille di verdure 274

G

Gemüsesuppe 144
Genua 18
Gran Paradiso 44
Grano Senatore Cappelli 266
Guancia di fassone con purea di zucca 34

H

Hefeteigrolle aus Triest 94
Hotel Pirovano 62
Hühnersuppe mit Brot, Fleischbällchen und Caciocavallo 212
Hülsenfrüchtesuppe mit Dinkel 169

I, J

Il Tartufo di Paolo 172
Insalata Caprese 232
Insalata di finocchi 292
Jota 99

K

Kalb
  Geschmortes Kalbshaxenfleisch 244
  Hühnersuppe mit Brot, Fleischbällchen und Caciocavallo 212
  Kalbfleisch mit Salbei und Schinken 188
  Kalbsbeinscheiben mit Safranrisotto 70
Kapuzinerkresseblüten mit Ziegenkäse und gerösteten Erdmandeln 85
Karins Apfelkuchen »Gran Paradiso« 56
Käse
  Käse in Buchweizenteig mit Bresaola 69
  Käse-Salsiccia-Teigringe 285
  Käsefondue 53
  Käsegebäck 201
  Käsetaschen, Frittierte 304
  Zichorie in Hühnerbrühe mit Einlage 216
Käsetaschen, Frittierte 304
Kastaniensuppe 54
Korkeiche 298
Krautsuppe mit Bohnen in der Brotschale 99

Kuchen
- Apfeltartelettes mit Erdbeersalat 276
- Brotkuchen mit Amaretti und Kakao 73
- Karins Apfelkuchen »Gran Paradiso« 56
- Karottenkuchen mit Erdmandeln 83
- Kuchen mit Konditorcreme und Pinienkernen 143
- Küchlein mit Ricotta und Marmelade 284
- Nonna Teresas Sonntagskuchen 157
- Umbrischer Strudelkuchen 174

L

L'Aquila 194
La Bomboniera 90
La Clusaz 44
La Parmigiana di Mamma Maria 291
La torta della nonna 143
Laboratorio artigianale Biosolnatura 280
Lamm
- Gefüllte Lammkeule 216
- Geschmortes Lammfleisch 308

Lard d'Arnad 44
Latteruolo 121
Le Bindi 132
Lettere d'amore 93
Ligurien 17
Limoncello 232
Lo pelò 54
Lo Studio 194

M

Maccarrones cravaos 304
Maialata 163, 172
Maiale »ubriaco« all'uva 137
Makkaroni, Selbst gemachte, mit Fleischbällchen 243
Malvarina 160
Mandel
- Apfeltartelettes mit Erdbeersalat 276
- Karins Apfelkuchen »Gran Paradiso« 56
- Mandelgebäck aus der Toskana 138
- Ostergebäck aus Kalabrien 247
- Umbrischer Strudelkuchen 174

Mandellikör, Ostergebäck aus Kalabrien 247
Masseria Camarda 266
Matera 250
Melanzane ripieni 288
Melazzini, Alessandro 60
Millefoglie di acciughe marinate 25
Minestrone 144
Monte San Savino 132
Mostaccioli 215
Muscolo di vitello in umido 244

N

Neapel 220
Nino 178
Nonna Teresas Sonntagskuchen 157
Nudeltaschen, Gefüllte 37
No. 55 123
No. 69 121
No. 71 con salsa No. 104 123
No. 675 129
No. 694 121

O

'O Sfizio d' 'a Notizia 220
Olive
- Fenchelsalat 292
- Frittierte Fleischbällchen 110
- Geschmortes Lammfleisch 308
- Pizza mediterraner Art 229
- Sizilianischer Gemüsetopf mit Krake 292

Orecchiette con cima di rapa 269
Ossobuco alla milanese 70
Ostergebäck aus Kalabrien 247

P

Pallotte cace e uova (cace ' e ov ') 200
Pancetta
- Frittierte Fleischbällchen 110
- Krautsuppe mit Bohnen in der Brotschale 99
- Schwarze Chitarrine mit Stockfisch, Pancetta und Schafskäse 154

Pane & Pace 250
Pane Carasau
- Fladenbrot-Sardellen-Turm 25
- Sardisches Hirtenbrot mit Tomatensugo und Pecorino 303

Pane frattau 303
Panzanella 144
Parmesan
- Auberginenauflauf 291
- Buchweizennudeln 66
- Chitarrina mit Zucchinipesto 199
- Gefüllte Tauben nach umbrischer Art 170
- Käse in Buchweizenteig mit Bresaola 69
- Käse-Salsiccia-Teigringe 285
- Kalbsbeinscheiben mit Safranrisotto 70
- Käsegebäck 201
- Mit Ricotta gefüllte Tortelli 123
- Selbst gemachte Makkaroni mit Fleischbällchen 243
- Tagliatelle mit Prosciutto 121
- Tagliatelle mit rustikaler Tomatensauce 123
- Zucchinikuchen 70

Pasta
  Chitarrina mit Zucchinipesto   199
  Fettuccine mit Steinpilzen und Tintenfisch   23
  Gemüsesuppe   144
  Pasta al limone e basilico   233
  Pasta aus Apulien mit Stängelkohl   269
  Pasta filata   208
  Pasta fresca all 'uovo fatta a mano   122
  Pasta in Schafsbrühe mit Schafskäse   307
  Pasta mit Ei, Speck und Käse   191
  Pasta mit Gemüseratatouille   274
  Pasta mit Tomatensauce und Speck   191
  Pasta mit Zitrone und Basilikum   233
  Pastateig   122
  Sardische Pasta   304
  Selbst gemachte Makkaroni mit Fleischbällchen   243
  Spaghetti mit Käse und schwarzem Pfeffer   188
  Tagliatelle mit Hackfleischsauce   120
  Tagliatelle mit Prosciutto   121
  Trofie mit Basilikumpesto   20
  Umbrische Nudeln mit schwarzem Trüffel   170
Pasticceria »La Bomboniera«   90
Patate e peperoni alla calabrese   244
Patate in cappotto   307
Pecorino Sardo DOP   298
Pecorino
  Chitarrina mit Zucchinipesto   199
  Eier-Käse-Bällchen in Tomatensauce   200
  Frittierte Käsetaschen   304
  Gefüllte Auberginen   288
  Käsegebäck   201
  Pasta in Schafsbrühe mit Schafskäse   307
  Pasta mit Ei, Speck und Käse   191
  Pasta mit Tomatensauce und Speck   191
  Pizza mit vier Tomatenarten   228
  Sardische Pasta   304
  Sardisches Hirtenbrot mit Tomatensugo und Pecorino   303
  Schwarze Chitarrine mit Stockfisch, Pancetta und Schafskäse   154
  Spaghetti mit Käse und schwarzem Pfeffer   188
  Trofie mit Basilikumpesto   20
Permakultur   78
Pesce all'acqua pazza   233
Petrini, Carlo   30
Pferdefleischrouladen in Tomatensugo   270
Piadina Romagnola   124
Piccioni ripieni all 'Umbra   170
Pizza
  Pizza Ai 4PoMoDori   228
  Pizza Citreum (Pizza al Limone)   223
  Pizza Mediterranea   229
  Pizza mediterraner Art   229
  Pizza mit vier Tomatenarten   228
  Pizza mit Zitrone   225
Pizzarie La Notizia   220
Pizzoccheri   66
Polpette!   110
Porcetto   308
Porchon   54
Porto Recanati   148
Pudding mit Amaretti und Schokolade   38
Purea di fave con cicoria selvatica   259
Putizza triestina   94

R

Ravioli al tocco (u tuccu) genovese   22
Ravioli mit Fleischsauce   22
Ricotta
  Gefüllte Nudeltaschen   37
  Küchlein mit Ricotta und Marmelade   284
  Mit Ricotta gefüllte Tortelli   123
  Ricotta con marmellata di clementine e olio di oliva   244
  Ricotta mit Marmelade und Olivenöl   244
  Tiramisu aus Süditalien mit Ricotta & Brot   260
  Tortelli gefüllt mit Tintenfisch, Pilzen und Rogen   154
Rifugio della Rocca   194
Riganella di Maria Luisa Ventre Librandi   247
Rind
  Backe vom Fassone-Rind mit Kürbispüree   34
  Frittierte Fleischbällchen   110
  Pferdefleischrouladen in Tomatensugo   270
  Ravioli mit Fleischsauce   22
  Selbst gemachte Makkaroni mit Fleischbällchen   243
Risotto
  Kalbsbeinscheiben mit Safranrisotto   70
  Risotto all ' Amarone   110
  Risotto mit Amarone und Radicchio   110
Rocciata   174
Rogen, Tortelli gefüllt mit Tintenfisch, Pilzen und Rogen   154
Rom   178
Rote-Bete-Knödel in Gorgonzolasauce   86
Rrashkatjele me purpetina   243
Rübeneintopf mit Salsiccia   54

S

Sa Serra   296
Salat
  Fenchelsalat   292
  Tomaten-Mozzarella-Salat   232
  Toskanischer Tomaten-Brot-Salat   144
Salsiccia
  Gefüllte Tauben nach umbrischer Art   170
  Käse-Salsiccia-Teigringe   285

Rübeneintopf mit Salsiccia 54
Salt'im bocca! 188
Santo Stefano di Sessanio 196
Sardelle
　Artischocken römischer Art 184
　Fladenbrot-Sardellen-Turm 25
　Pasta aus Apulien mit Stängelkohl 269
　Pizza mediterraner Art 229
　Sardellen in Tomatensuppe 25
　Sardellen mit Stockfischcreme 34
Sardische Pasta 304
Sardisches Hirtenbrot mit Tomatensugo und Pecorino 303
Sardisches Spanferkel im Ofen 308
Schaf
　Pasta in Schafsbrühe mit Schafskäse 307
　Schafsbrühe mit Kartoffeln und Schafsfleisch 307
Schiacciata con l'uva (Pan dolce toscano) 138
Schinken
　Auberginenauflauf 291
　Kalbfleisch mit Salbei und Schinken 188
　Tagliatelle mit Prosciutto 121
Schokolade
　Hefeteigrolle aus Triest 94
　Pudding mit Amaretti und Schokolade 38
　Teigblätter mit Buttercremefüllung 93
　Weihnachtsspeise 215
Schwarzplentener Muas mit Hollermulla 85
Schwein
　Sardisches Spanferkel im Ofen 308
　Schweinefleisch mit Trauben 137
　Schweinepresskopf 165
　Tagliatelle mit Hackfleischsauce 120
Sciatt con Bresaola 69
Sebadas 304
Sepia
　Fettuccine mit Steinpilzen und Tintenfisch 23
　Fischsuppe aus Porto Recanati 152
Seupa a la Vapellenetse 51
Sextantio 196
Sibari 236
Sizilianischer Gemüsetopf mit Krake 292
Slow Food 32
Spaghetti alla carbonara 191
Spaghetti cacio e pepe 188
Spaghetti mit Käse und schwarzem Pfeffer 188
Spanferkel, Sardisches, im Ofen 308
Speck
　Gefüllte Lammkeule 216
　Pasta mit Ei, Speck und Käse 191
　Pasta mit Tomatensauce und Speck 191
Spello 172
Spritz, Lo 109

Cynar Spritz 109
Il vero spritz veneziano 109
Lo spritz ufficiale 109
Spritz alla Cettina 109
Spritz Select 109
Stängelkohl, Pasta aus Apulien mit Stängelkohl 269
Stilfser Joch 60
Stockfisch
　Sardellen mit Stockfischcreme 34
　Schwarze Chitarrine mit Stockfisch, Pancetta und Schafskäse 154
　Stockfisch mit knusprigen Peperoni 258
Stringozzi al tartufo nero 170
Stufato della vendemmia con uva e pomodori 137
Su filindeu in brodo 307
Suppe
　Fischsuppe aus Porto Recanati 152
　Hülsenfrüchtesuppe mit Dinkel 169
　Kastaniensuppe 54
　Kohlrabischaumsuppe mit gebratenem Süßwasserfisch 86
　Rübeneintopf mit Salsiccia 54

T

Tagliatelle al ragù 120
Tagliatelle mit Prosciutto 121
Tagliatelle mit rustikaler Tomatensauce 123
Taralli 270
Tauben, Gefüllte, nach umbrischer Art 170
Teigblätter mit Buttercremefüllung 93
Tiramisu
　Rotweinbirnen-Tiramisu 113
　Tiramisu con pere al vino 113
　Tiramisu aus Süditalien mit Ricotta & Brot 260
　Tiramisud di Tonino Nobile 260
Tomate (passiert),
　Eier-Käse-Bällchen in Tomatensauce 200
　Fischsuppe aus Porto Recanati 152
　Pasta mit Tomatensauce und Speck 191
　Pferdefleischrouladen in Tomatensugo 270
　Sardellen in Tomatensuppe 25
　Sardische Pasta 304
　Sardisches Hirtenbrot mit Tomatensugo und Pecorino 303
Tomate
　Auberginenauflauf 291
　Bruschetta aus Matera 257
　Crostini mit Trauben, Tomaten und Mohn 137
　Fenchelsalat 292
　Fisch im verrückten Wasser 233
　Gefüllte Auberginen 288
　Pasta mit Zitrone und Basilikum 233
　Pizza mediterraner Art 229
　Pizza mit vier Tomatenarten 228

Schwarze Chitarrine mit Stockfisch, Pancetta
   und Schafskäse   154
Sizilianischer Gemüsetopf mit Krake   292
Tagliatelle mit Hackfleischsauce   120
Tagliatelle mit Prosciutto   121
Tagliatelle mit rustikaler Tomatensauce   123
Tomaten-Mozzarella-Salat   232
Toskanischer Tomaten-Brot-Salat   144
Torta al testo con uvetta e noci   169
Torta di mele   56
Torta di pane   73
Torta salata con zucchine   70
Tortelli gefüllt mit Tintenfisch, Pilzen und Rogen   156
Tortelli, Mit Ricotta gefüllte   123
Tortello nero ripieno   156
Toskanischer Tomaten-Brot-Salat   144
Trattoria dell'Acciughetta   18
Triest   90
Trofie al pesto genovese   20
Trofie mit Basilikumpesto   20
Trüffel   172
   Umbrische Nudeln mit schwarzem Trüffel   170

U, V

Umbrische Nudeln mit schwarzem Trüffel   170
Umbrischer Strudelkuchen   174
Valle d'Aosta Jambon de Bosses DOP   44
Venedig   102
Vignarola   187

W

Waffel, Eisenwaffeln   203
Walnuss
   Fladenbrot mit Walnüssen und Rosinen   169
   Hefeteigrolle aus Triest   94
   Ostergebäck aus Kalabrien   247
   Umbrischer Strudelkuchen   174
Weihnachtsspeise   215
Weinempfehlungen
   Alta Langa   34
   Amarone della Valpolicella DOCG   110
   Apianae, Moscato Reale del Molise DOC   215
   Asprinio d'Aversa   228
   Bacche Rosa Vino rosato   259
   Barbaresco DOCG San Stunet 2010   34
   Barbera d'Asti DOCG Superiore Nizza Titon 2012   37
   Bianchetta   25
   Cannonau   303
   Cerasuolo   200
   Clemens   191
   Colli Martani Bianco   170
   Eisacktaler Kerner   85, 86
   Eisacktaler Sylvaner   86
   Elephas rosso   187
   Falanghina   229
   Frascati Superiore   184, 188
   Granaccia   22
   Lux Matera Primitivo   257
   Montefalco Rosso   165
   Moscato di Trani   276
   Novum   188
   Per Eva   225
   Pigato   20, 23, 25
   Colli Bolognesi Classico Pignoletto DOCG   123
   Romagna Albana DOCG, passito   127
   Rossese   22
   Rosso di Assisi   169
   Rosso Eminenza   191
   Safinim, IGT Terre degli Osci Rosato   212
   Sagrantino di Montefalco 100%   170
   Sangiovese Superiore Romagna DOC   123
   Sator, Tintilia del Molise   216
   Trebbiano d'Abruzzo   199
   Valle d'Aosta DOC Chambave Muscat   53
   Valle d'Aosta DOC Torrette Feudo di San Maurizio   51
   Valle d'Aosta DOC Torrette Supérieur Vigne Plan   51
   Verdicchio superiore   154
   Verduno Pelaverga 2014   34
   Vermentino Colli Di Luni   23
   Villa Fidelia Bianco   169
   Vino Nobile di Montepulciano   137
   Vino Rosato »Solajo«   137
   Vinsanto della »Fattoria Santa Vittoria«
      di Pozzo della Chiana   138
   Voira, Terre degli Osci IGP,
      100 % Falanghina   216
Weinschaumcreme   145

Z

Zabaglione   145
Zichorie
   Dicke-Bohnen-Püree mit Wildzichorie   259
   Zichorie in Hühnerbrühe mit Einlage   216
Zucchini
   Crostini mit marinierten Zucchini   145
   Crostini mit marinierten Zucchini   199
   Gemüsesuppe   144
   Pasta mit Gemüseratatouille   274
   Zucchinikuchen   70
Zuppa alla Sante   212
Zuppa di legumi con farro   169
Zuppa inglese   129

Impressum

Produktmanagement: Annemarie Heinel
Textredaktion: Anja Ashauer-Schupp
Korrektur: Regina Jooß
Layoutentwurf: Cettina Vicenzino
Satz: Silke Schüler
Umschlaggestaltung: Eva M. Salzgeber
Coverillustration: Eva M. Salzgeber unter Verwendung
 von Zeichnungen von Cettina Vicenzino und
 einer Illustration von Shutterstock/Moloko88
Repro: LUDWIG:media
Herstellung: Vanessa Brunner
Text und Rezepte: Cettina Vicenzino,
 außer wenn anders angegeben
Fotografie und Styling: Cettina Vicenzino
Illustrationen: Eva M. Salzgeber unter Verwendung
 von Zeichnungen von Cettina Vicenzino
Karten: Cettina Vicenzino

Gesamtherstellung Verlagshaus GeraNova Bruckmann
Printed in China by C&C Printing

Alle Angaben dieses Werkes wurden von der Autorin sorgfältig recherchiert und auf den neuesten Stand gebracht sowie vom Verlag geprüft. Für die Richtigkeit der Angaben kann jedoch keine Haftung übernommen werden, weshalb die Nutzung auf eigene Gefahr erfolgt. Sollte dieses Werk Links auf Webseiten Dritter enthalten, so machen wir uns die Inhalte nicht zu eigen und übernehmen für die Inhalte keine Haftung.

Sind Sie mit diesem Titel zufrieden? Dann würden wir uns über Ihre Weiterempfehlung freuen. Erzählen Sie es im Freundeskreis, berichten Sie Ihrem Buchhändler oder bewerten Sie bei Onlinekauf. Und wenn Sie Kritik, Korrekturen, Aktualisierungen haben, freuen wir uns über Ihre Nachricht an:

Christian Verlag
Postfach 40 02 09
D-80702 München
oder per E-Mail an lektorat@verlagshaus.de

Unser komplettes Programm finden Sie unter

 www.christian-verlag.de

Die Deutsche Nationalbibliothek verzeichnet diese Publikation in der Deutschen Nationalbibliografie; detaillierte bibliografische Daten sind im Internet über http://dnb.d-nb.de abrufbar.

4. Auflage 2024
© 2016 Christian Verlag GmbH, Infanteriestraße 11a, 80797 München
Alle Rechte vorbehalten.
ISBN 978-3-86244-761-9

Tausend Dank!

Tausend Dank an Annemarie Heinel, mit der ich die allerbeste Motivatorin (mit magischen Fähigkeiten) für dieses aufwendige Projekt hatte! Sie war mir eine große Unterstützung auf meinen Reisen, denn immer wenn ich eine Person, eine Familie oder einen Produzenten ausgesucht hatte, sendete sie eine Art »Wundermail«. Wundermail, weil die Reaktion der Leute mich verwundert hat, so begeistert waren sie von meiner Idee und meinem Besuch.

Tausend Dank an meinen Mann Joachim für seine Begleitung nach Venedig, Verona und nach Triest (der allerdings erst überredet und dann entführt werden musste und zum Schluss Venedig freiwillig nicht mehr verlassen wollte)!

Tausend Dank an Gabriele Schwab-Trapp für die Begleitung nach Aosta (und die Fotos von mir, die im Kapitel Valle d'Aosta zu sehen sind).

Tausend Dank an Anja Ashauer-Schupp für das Lesen von so vielen Seiten! Tausend Dank an Eva Maria Salzgeber für die Covergestaltung (und das hübsche Ausmalen meiner Zeichnungen) sowie für den Tipp zur Toskana und an Barbara Hoffmann für den Tipp zu Südtirol!

Mille grazie, grazie mille …

Ebenfalls erhältlich …

ISBN 978-3-86244-951-4

ISBN 978-3-95961-105-3

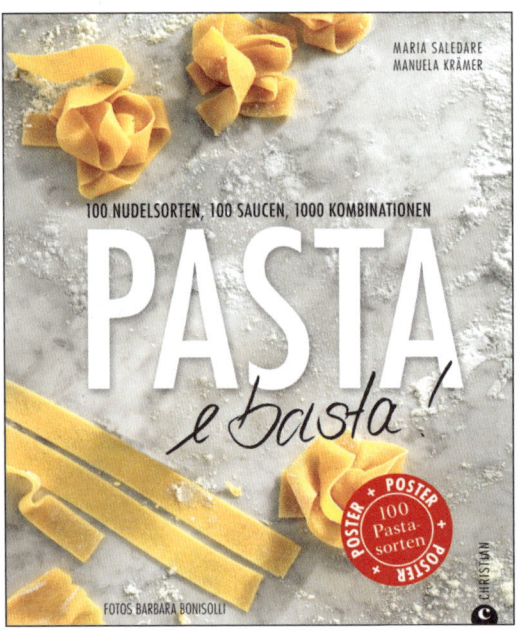

ISBN 978-3-86244-809-8

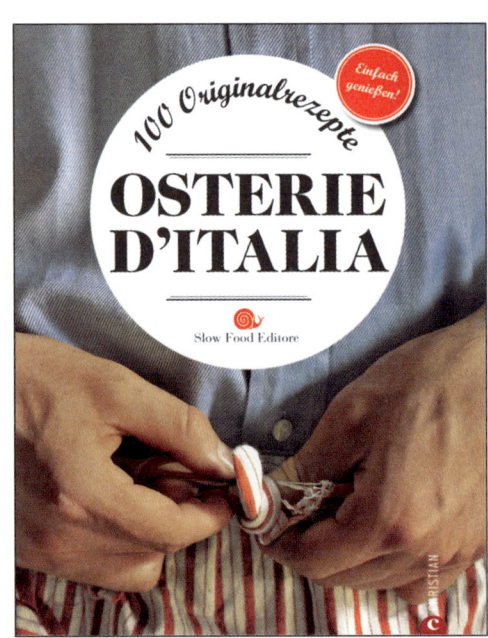

ISBN 978-3-86244-680-3

www.christian-verlag.de